中国（辽宁）自由贸易试验区大连片区创新案例研究

Research on the Innovation Cases in Dalian Area of China(Liaoning)Pilot Free Trade Zone

东北财经大学辽宁（大连）自贸区研究院
中国（辽宁）自由贸易试验区大连片区建设工作领导小组办公室 著

东北财经大学出版社
Dongbei University of Finance & Economics Press
大连

图书在版编目（CIP）数据

中国（辽宁）自由贸易试验区大连片区创新案例研究 / 东北财经大学辽宁（大连）自贸区研究院，中国（辽宁）自由贸易试验区大连片区建设工作领导小组办公室著. —大连：东北财经大学出版社，2018.3

ISBN 978-7-5654-3121-0

Ⅰ. 中… Ⅱ. ①东… ②中… Ⅲ. 自由贸易区-经济建设-案例-辽宁 Ⅳ. F752.831

中国版本图书馆CIP数据核字（2018）第055995号

东北财经大学出版社出版

（大连市黑石礁尖山街217号 邮政编码 116025）

网 址：http://www.dufep.cn

读者信箱：dufep@dufe.edu.cn

大连图腾彩色印刷有限公司印刷 东北财经大学出版社发行

幅面尺寸：170mm×240mm 字数：191千字 印张：14.25 插页：1

2018年3月第1版 2018年3月第1次印刷

责任编辑：李 彬 郭海雷 曲以欢 张晓鹏 王 丽 责任校对：贺 欣

封面设计：张智波 版式设计：钟福建

定价：46.00元

教学支持 售后服务 联系电话：（0411）84710309

如有印装质量问题，请联系营销部：（0411）84710711

编委会

前　言

2017年是我国自由贸易试验区建设发展进程中具有重要意义的一年。中国共产党第十九次全国代表大会明确提出“赋予自由贸易试验区更大改革自主权，探索建设自由贸易港”的战略决策和工作部署，这标志着设立自由贸易试验区这一具有供给主导型制度创新特征的中国特色改革创举已经基本完成体系搭建和战略布局，成为承载我国全面深化改革和扩大开放重任的重要平台，并将进一步形成改革系统集成、创新资源汇聚、开放创新一体的新优势，加快构建新时代我国构建全面开放新格局和现代化经济体系建设。

2017年同样也是东北、辽宁和大连改革发展进程中具有重要意义的一年。2017年3月15日，国务院正式印发《中国（辽宁）自由贸易试验区总体方案》，为实现东北老工业基地全面振兴和深化面向东北亚的区域开放合作提供了重大历史机遇和新的改革平台。4月10日，中国（辽宁）自由贸易试验区大连片区挂牌成立，标志着大连当前和未来一个时期改革发展建设迎来了历史机遇和重大契机。挂牌建设以来，中国（辽宁）自由贸易试验区大连片区对照中央根本要求、对标国际通行标准、对接产业企业需求，立足辽宁老工业基地全面振兴的实践需求，积极探索体现时代特征、具有大连特色的自贸试验区发展改革之路，着力加速制度创新并力争在制度创新方面取得重要阶段性成果。目前，大连片区陆续推出100多项制度创新举措。其中，26项创新案例已完成评估验收，部分创新案例上报国务院自由贸易试验区工作部际联席会议进行遴选审核并向全国复制推广。

东北财经大学辽宁（大连）自贸区研究院是东北财经大学与大连市人民政府共同成立和建设的综合性科研机构，旨在依托东北财经大学经济管理学科特色、人才优势与科研优势，服务大连自贸区建设与发展对决策咨询、科学研究、人才培养的现实需求，充分发挥高等学校服务社会重要功能，努力打造服务区域经济社会发展的高校财经智库、自贸区制度创新和特色发展的研究中心、自贸区建设和政府改革的学术交流平台。东北财经大学辽宁（大连）自贸区研究院成立以来，围绕我国自贸试验区改革以及开放型经济建设领域的理论和政策研究，积极探索创建改革实践和高校科研更加紧密、政策需求和科学研究有效对接的高校智库建设模式和政校共建机制。在探索高校智库建设模式和政校共建机制过程中，东北财经大学辽宁（大连）自贸区研究院对自贸试验区改革试验和制度创新举措进行系统性的梳理、归纳和评估，创新案例作为自贸区改革试验的政策研究路径之一，发挥着促使制度创新研究从改革实践中汲取营养，再从理论研究走向催化改革实践的重要作用。同时，随着创新案例资源的日益丰富和积淀，东北财经大学辽宁（大连）自贸区研究院也陆续与新华社中国经济信息社、普华永道、瀚文咨询等国内主流咨询和大数据研究机构形成战略合作框架机制，促进创新案例研究在功能拓展、资源汇聚和影响传播等方面得到持续拓展。

2017年以来，东北财经大学辽宁（大连）自贸区研究院对自贸试验区创新案例开展持续跟踪的专项研究。研究所关注的大部分创新案例来源于中国（辽宁）自由贸易试验区大连片区，主要用意在于立足大连、放眼全国，通过扎实细致的实地调研形成见树见林的探索性研究，为观察、研究和思考我国自由贸易试验区改革实践提供第一手资料和实践参考。作为东北财经大学和大连市人民政府共同建设的高校科研机构，辽宁（大连）自贸区研究院接受中国（辽宁）自由贸易试验区大连片区建设工作领导小组办公室的委托，承担了对大连片区制度创新案例进行第三方评估的重要任务，从而为自贸试验区创新案例研究提供了鲜活的实践案例和丰富的分析样本。目前，在东北财经大学辽宁（大连）自贸区研究院科研平台上已纳入专项研究的创新案例已超过100项，其中26项创新案例已完成第三方评估并向全国或辽宁全省复制推广。在系统总结梳理创新案例的过程中，我们也深切地感受到：自贸试验区改革试验背景下基层创新主体的创新热情和活力、市场主体对制度创新的强烈需求，制度创新对当地政府与海关、检验检疫、人民银行、国税之间的改革协同性提出更高要求，能够体现东北老工业基地产业特点、大连片区区位优势和形成进一步对外开放和制度创新集成效应的创新举措还有待加强。基于这些体会和收获，在中国（辽宁）自由贸易试验区大连片区正式挂牌运行一周年之际，东北财经大学辽宁（大连）自贸区研究院将2017年度部分有代表性的创新案例研究成果编辑成册，以供相关领域的学者和实际工作者进行研究、讨论和参考。

本书由靳继东负责总体设计和安排。案例撰写分工情况如下：马文甲负责案例一、九、十、十一、十二、二十一、二十五；王晓玲、吕怀涛负责案例二、三、四、五、十九；李少林负责案例六、七；褚敏负责案例八、十三；施锦芳、刘薇娜负责案例十四、十五、十六、十七；施锦芳、李少林负责案例二十、二十三；吕怀涛负责案例十八；王晓玲负责案例二十二、二十四；齐佩金、吕怀涛负责案例二十六。感谢研究团队的通力合作。

感谢中国（辽宁）自由贸易试验区大连片区建设工作领导小组办公室的大力支持，感谢大连海关、大连出入境检验检疫局、中国人民银行金州新区中心支行、大连港集团、大连市国家税务局、大连市地方税务局、大连北良企业集团有限公司等数十家单位在案例调研中给予的大力配合，感谢东北财经大学出版社的创造性策划和责任编辑们勤勉精湛的工作。

由于编者水平有限，书中难免存在不足和不当之处，恳请各位读者不吝赐教斧正。

东北财经大学

辽宁（大连）自贸区研究院院长

靳继东

2018年3月22日

目　录

1 创新案例一：服务贸易在线退税

1.1 案例概况

案例描述

服务出口“零税率”政策是我国营改增税制改革的重要内容之一，承担着鼓励服务出口、打造外贸竞争新优势的历史使命。2015年10月，该政策进一步将离岸服务外包、技术转让服务等八项业务全部纳入“零税率”范围，减税力度进一步加大。大连国税局按照“放管服”改革相关部署要求，推动服务出口“零税率”政策在大连地区落地生根。建立“出口退税综合服务平台”，推动服务贸易在线退税政策的落实，充分释放政策红利，减轻税负、降低成本，助推产业做大做强，促进地区经济结构优化升级。

创新亮点

◈ 开展专题专场培训。与区政府、市外经贸局、市地税局和服务外包企业协会等部门合作，以“出口服务零税率助推现代化服务业蓬勃发展”为主题，联合开展面向离岸外包企业的专场培训；充分发挥各基层局纳税人学堂效能，采取阵地化培训，在确保辅导面全覆盖的基础上，抽调业务骨干组建团队，根据企业个性化需求，订制培训辅导策略，通过“一对一”“面对面”辅导，解决办税难题。

◈ 应税服务出口免抵税额不征城建税与教育费附加，减轻企业负担。与市地税局协调沟通，共同研究制订方案，在国家税务总局的大力支持下，明确“应税服务出口免抵税额不征收城建税与教育费附加”，消除企业顾虑，破除了“零税率”政策落实的核心阻碍。

◈线下线上便利退税。一方面设置特约服务区、绿色退税通道，配备专项导税员，第一时间解决退税申报问题；另一方面，充分发挥“互联网+”的引领作用，优化升级出口退税系统，拓展完善相关业务功能，运用自主研发的“出口退税综合服务平台”，实现业务在线申报、进度在线查询、税款在线退付，全面拓展服务范围，增强服务效能。

简要效果

截至目前，已有154家服务外包企业享受服务贸易在线退税政策，占全市服务出口企业总数的70%，申报出口额10.29亿美元，办理退免税4.13亿元，进一步减轻了企业负担，地区影响力、吸引力明显提升。

1.2 评估方法

（1）政府部门访谈

多次重点对大连市国税局、地税局进行访谈，深入了解推行“服务贸易在线退税”的背景、目标及操作细则，从宏观层面了解落实效果，并收集相关资料和案例素材。

（2）企业深度访谈

通过走访多种类型的服务外包企业和涉税中介机构，听取企业对“服务贸易在线退税”的了解程度和满意度，以及企业对该政策进一步实施的建议，从市场发展需要的角度对创新措施的落地情况进行评估。

（3）专家评价法

邀请税务和贸易领域的专家，对“服务贸易在线退税”的创新性和推广难易程度进行打分评价。

（4）企业问卷调查

综合考虑行业属性、企业类型等因素，选取具有代表性的企业并发放问卷，调查了解企业对“服务贸易在线退税”的态度和意见。通过发放纸质问卷和电子问卷两种方式进行调查，共回收68份。

从企业类型看，外资企业占样本量的67.65%，民营企业占样本量的29.41%，二者构成了样本的主体部分。另外，港澳企业占样本量的2.94%，而国有企业为零，体现样本企业类型的多样性和针对性（如图1-1所示）。

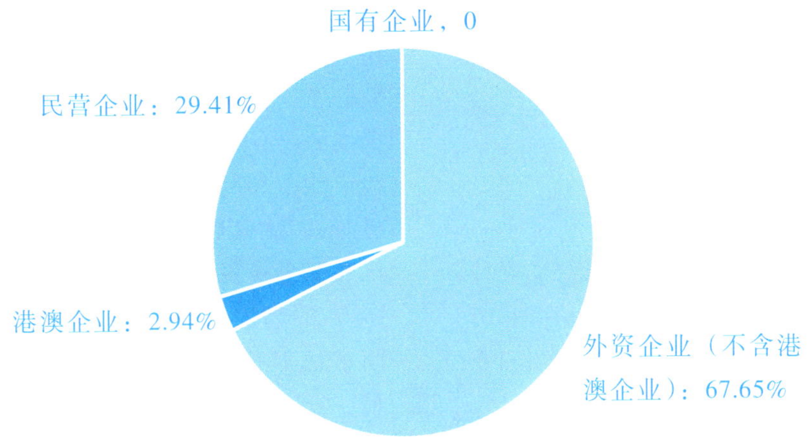

图1-1 样本企业的类型

1.3 创新性评估

利用专家评价法，以是否国内领先、对原有做法大程度改进、功能性增强、改变了原有流程、更好地满足企业要求为指标，请5位专家针对“服务贸易在线退税”制度创新前后的实际情况打分。1~5的分值表示从非常不同意向非常同意依次渐进，取平均分为最终的专家评价分值（见表1-1）。

通过专家评价分值可见，“服务贸易在线退税”政策中“应税服务出口免抵税额不征收城建税与教育费附加”得4.6分，“线上线下便利退税”得4.8分，表明创新性强。该政策的推行进一步释放政策红利，不仅降低了企业的成本，还简化了适用“零税率”政策的产品或服务的退税流程，有力拉动了服务出口增长。与制度创新前相比，具有明显制度优势。

表 1-1 “服务贸易在线退税”制度创新前后对比

制度创新前		制度创新后		专家评价
企业税负	企业适用“零税率”政策所产生的免抵税额，需要缴纳城建税和教育费附加 缺点：导致企业整体税负不减反增，不利于服务出口的增长	企业税负	应税服务出口免抵税额不征收城建税与教育费附加 优点：减轻了企业负担，消除了企业顾虑，破除了“零税率”政策落实的核心阻碍	4.6
退税方式	原有单机版申报系统、在线版申报系统，选定后必须分别进行登录，时常因出口企业集中申报造成线路拥堵、系统卡顿；原申报系统不具备自动申报功能，需人工手动录入数据；原系统不具备进度查询功能，企业需要联系税务机关方可得知审核进度情况	退税方式	线上线下便利退税。一方面，设置特约服务区、绿色退税通道，配备专项导税员，第一时间解决退税申报问题；另一方面，充分发挥“互联网+”的引领作用，运用自主研发的“出口退税综合服务平台”，实现业务在线申报、进度在线查询、税款在线退付，全面拓展服务范围、增强服务效能	4.8

1.4 创新成效评估

主要创新成效

◈ 切实减轻了企业负担。服务外包“零税率”相对于原来的免税政策，不仅在出口环节免税，还要对服务在出口前各个环节已缴纳的增值税进行退税。随着营改增的全面推开，增值税抵扣链条已全部打通，服务外包企业取得的进项税额均可以退税，加上明确了“应税服务出口免抵税额不征收城建税与教育费附加”，既有效降低了企业的成本，也通过退税款盘活了企业的流动资金，增添了发展活力。以“互联网+”为依托的“出口退税综合服务平台”有效实现了线上线下退税的有机结合，同时为企业提供了一个了解实时税收政策的平台，不仅为企业节约了时间成本，而且激发了企业参与国际服务的积极性。

◇ 有力拉动了服务出口增长。“零税率”以降低企业负担激发市场活力，以涵养税源推动经济发展。据统计，2016年全市离岸服务外包合同额为29.4亿美元，同比增长138%，离岸服务外包执行额11亿美元。更可喜的是，“零税率”带动了许多服务外包企业加大对固定资产和服务的采购量，推动了技术进步与创新，增强了经济发展的内生动力。

◇ 有效提升了地区吸引力。大连地区对服务外包产业的政策扶持吸引了国内外众多关注目光，联想集团计划在大连成立联想商务服务（大连）有限公司，索尼集团计划在大连成立信息系统东亚地区总部，东软云科技总部即将迁至大连……届时，产业聚集效应、总部经济示范效应都将带动全市经济结构的持续优化，打造“大连服务”特色品牌，助推“大连服务”做大做强。

以上所述“服务贸易在线退税”政策的主要创新成效如图1-2所示。

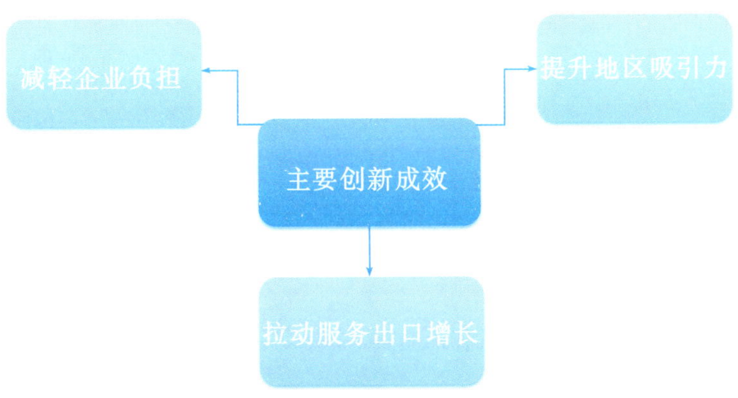

图1-2 “服务贸易在线退税”政策的主要创新成效

问卷调查结果

对“服务贸易在线退税”政策进行的调查问卷结果显示，样本企业对这一政策的认可度较高，对于“服务出口‘零税率’政策对企业是否有影响”这一问题，认为“比较有影响”及以上的企业达到85.29%，其中，36.76%的企业认为“很有影响”（如图1-3所示）。

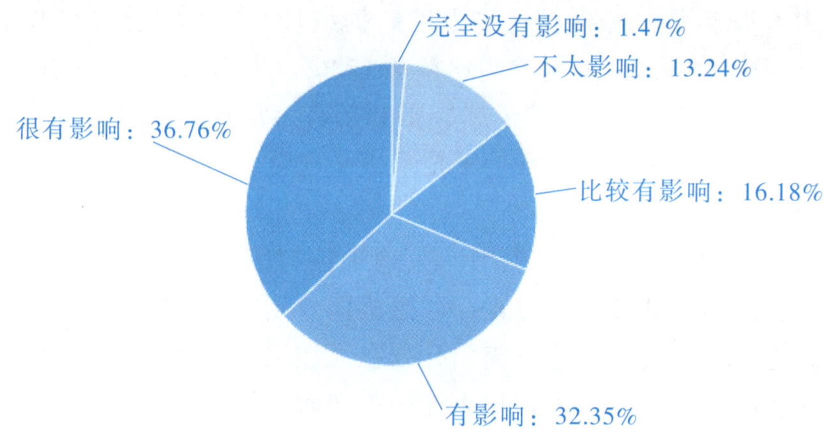

图1-3 样本企业对“零税率”政策的认可度

调查问卷还显示，有52.94%的企业对“零税率”政策“很满意”，29.41%的企业对这一政策“满意”，样本企业对“零税率”政策的满意度达到98.53%，案例创新成效得到企业的充分肯定（如图1-4所示）。

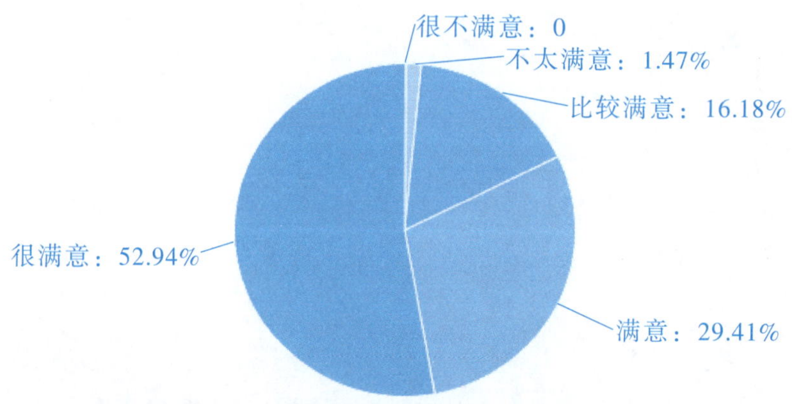

图1-4 样本企业对“零税率”政策的满意度

1.5 风险评估及防控措施

“服务贸易在线退税”政策主要是进一步释放政策红利，明确应税服务出口免抵税额不征收城建税与教育费附加，消除企业顾虑。另外，充分发挥“互联网+”的引领作用，运用自主研发的“出口退税综合服务平台”，实现业务在线申报、进度在线查询、税款在线退付，全面拓展服务范围，增强服务效能。目前尚未发现明确风险，但在继续深入推进政策落实上，面临两项亟待解决的难题。

一是BPO、KPO业务无相关证书的问题。国家税务总局2015年88号公告要求，离岸服务外包业务申报退税时，应提供已在商务部“服务外包及软件出口管理信息系统”中登记并审核通过的合同，但目前该系统对BPO、KPO业务仅有备案功能，无出具相关证书的功能，无法按规定提供证明文件。针对该问题，建议国家税务总局与商务部沟通，调整商务部外经贸部门的系统设置，增加备案后生成文书并打印功能；建议国家税务总局修改2015年88号公告，将BPO和KPO业务需审核证明文书的相关表述删除。

二是服务外包“零税率”无纸化的问题。国家税务总局2015年88号公告及2017年11号公告要求，离岸服务外包业务申报退税时，需提供商务部等部门出具的“软件出口合同登记证”等材料，由于商务部等部门信息均未实现与国家税务总局的传输共享，导致申报、审核无法完全无纸化，不利于提升办税便利化程度。针对该问题，建议国家税务总局与商务部、国家外汇管理局协商，尽快取得相关合同登记证的电子数据及应税服务出口的收汇信息，实现纳税人和基层双减负。

1.6 复制推广评估

◇ 复制推广价值

服务出口“零税率”政策是我国营改增税制改革的重要内容之一，承担着鼓励服务出口、打造外贸竞争新优势的历史使命。“服务贸易在线退税”政策的推行减轻了企业负担，有力拉动了服务出口增长，提升贸易便利化水平，受到出口企业的广泛认可与好评，具有较大的推广价值。

◈ 复制推广所需条件

“服务贸易在线退税”的复制推广需要充分发挥“互联网+”的引领作用，建立“出口退税综合服务平台”，全面拓展服务范围、增强服务效能，确保企业了解平台功能、熟悉平台操作，实现线下线上便利退税。国家税务总局已下发文件，将“出口退税综合服务平台”在全国税务系统进行推广，该平台已成为优化升级传统出口退税管理服务的引领和示范模式，表明该项措施在复制推广上具有很强的可操作性。

2　创新案例二："无人机+检验检疫"工作新模式

2.1　案例概况

案例描述

为克服人工检验检疫不精确、个别监测点无法到达的缺陷，大连出入境检验检疫局以提升通关效率、促进贸易便利化为目标，大胆尝试将无人机引入检验检疫领域。目前，大连出入境检验检疫局将无人机应用于水尺计重和杂草疫情普查工作中。在水尺计重领域，利用无人机飞行覆盖范围广、可空中悬停拍照的技术优势，通过无线高清图像数据传输获得现场照片、视频等影像资料，借助远程鉴定系统，实现"边检验、边输入、边计算"，降低检验难度、监测费用，提高检验工作效率和通关便利化水平。应用无人机进行杂草疫情普查，是对进口粮食通过的港口、铁路、公路、桥梁、山区，以及进口矿石堆场采用无人机进行高清图像拍摄，进行鉴定和检疫处理。对非常见疑似检疫性有害杂草，利用无人机现场传送高清图像，邀请全国杂草鉴定专家及时鉴定，现场作出处理防范措施，实现了"边普查、边鉴定、边处理"，极大压缩了鉴定处理时限。

操作方法

如图 2-1 所示，利用无人机进行水尺计重操作方法如下：

◇ 无人机观测水尺数据。操控无人机观测船舶水尺数据，同时进行视频记录。

图 2-1 “无人机+检验检疫”工作新模式操作方法

◈ 执法记录仪测压舱水、密度，进行测量过程和数据记录。

◈ 移动鉴定平台传输数据。应用移动鉴定平台将原始数据、检验结果实时输入系统，数据终端可实时接收并自动打印检验底案，办公室拟证人员可在E-CIQ系统进行流程操作和出证归档。

如图 2-1 所示，利用无人机进行杂草疫情普查操作方法如下：

◈ 无人机拍摄高清图像。在进口粮食经过的港口、铁路、公路、桥梁、山区等地利用无人机拍摄高清图像。

◈ 实时传送高清图像。应用移动有害生物远程鉴定系统传送无人机拍摄的高清图像。

◈ 杂草疫情鉴定处理。邀请全国杂草鉴定专家实时鉴定，现场作出处理防范措施。

创新亮点

如图 2-2 所示，“无人机+检验检疫”工作新模式创新亮点如下：

◈ 检验手段现代化。无人机在水尺计重和杂草疫情普查中的应用，使传统的人工检验手段迈向现代化，极大地提高了观测精度和检验效率，降低了作业风险，提升了口岸便利化水平。

◈ 检验过程可追溯。应用执法记录仪对执法过程，包括执法人员登轮作业时间、地点、现场检验流程以及原始鉴定数据等全过程进行记录，并通过无人机的录制，做到执法过程可视化、可追溯。

◇检验结果客观化。无人机观测的水尺计重数据精度高，客观公正，得到船方高度认可，检验过程和检验数据的记录有利于监督管理，避免廉政风险，助力大连打造阳光口岸。

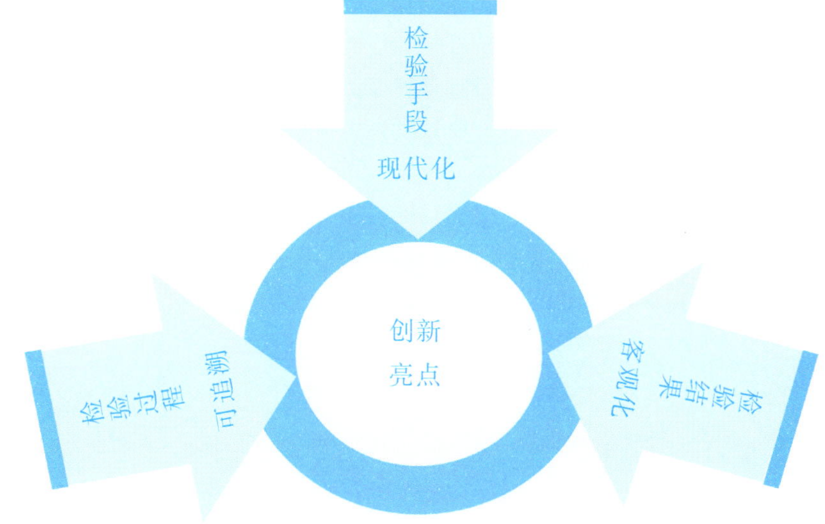

图 2-2 “无人机+检验检疫”工作新模式创新亮点

简要效果

2017年1月1日至10月31日，大连出入境检验检疫局共计检验123批次进口铁矿石。其中，118批次进口铁矿石的水尺计重采用无人机观测，2批次因天气、3批次因船上磁场干扰而无法使用无人机。2017年，大连出入境检验检疫局应用无人机进行杂草疫情普查，通过远程鉴定系统邀请国内专家3人次，鉴定非常见杂草3种。

2.2 评估方法

如图2-3所示，“无人机+检验检疫”工作新模式评估主要有以下几种方法：

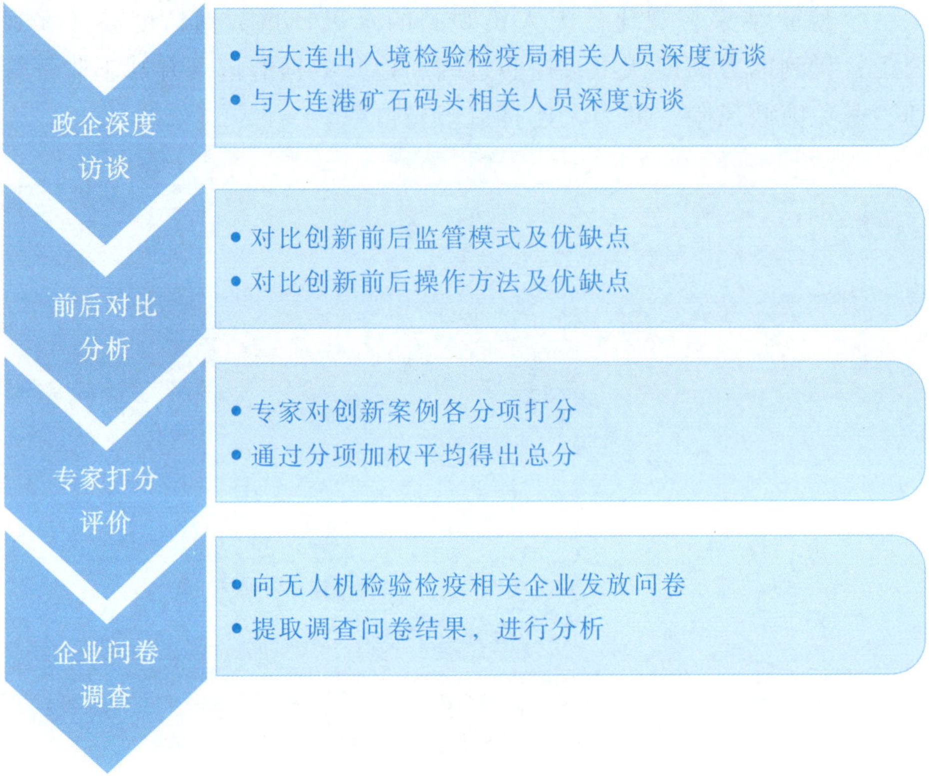

政企深度访谈
- 与大连出入境检验检疫局相关人员深度访谈
- 与大连港矿石码头相关人员深度访谈

前后对比分析
- 对比创新前后监管模式及优缺点
- 对比创新前后操作方法及优缺点

专家打分评价
- 专家对创新案例各分项打分
- 通过分项加权平均得出总分

企业问卷调查
- 向无人机检验检疫相关企业发放问卷
- 提取调查问卷结果，进行分析

图2-3 “无人机+检验检疫”工作新模式评估方法

◈ 深度访谈法。与大连出入境检验检疫局、大连港矿石码头相关人员进行深度访谈，了解利用无人机进行水尺计重和杂草疫情普查操作过程，以及行业标准制定等相关内容。

◈ 比较分析法。将“无人机+检验检疫”方式与传统检验检疫方式进行比较，通过两种模式及操作方法优缺点比较，评价新检疫模式的创新性。

◈ 专家打分法。对各创新分项进行专家打分，通过加权平均法计算总分，分项和总分均以5分为满分。

◈ 问卷调查法。向案例所涉及的企业发放问卷，了解企业对案例创新成效的感知度和满意度。在本案例获取样本中，民营企业占70.73%，外资企业占24.39%，国有企业占4.88%，没有港澳企业（如图2-4所示）。样本企业类别中民营企业超过7成。

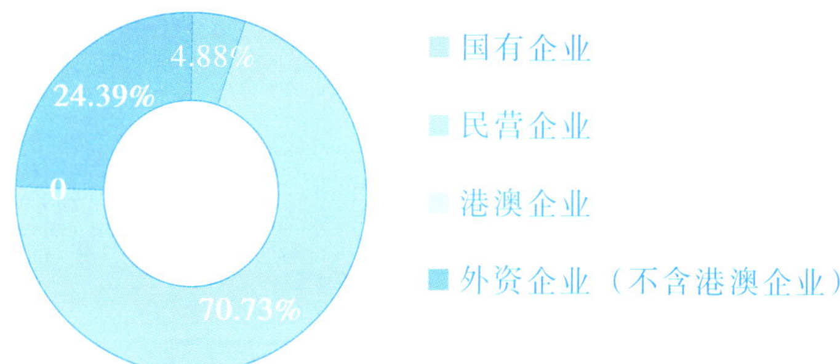

图2-4 无人机进行水尺计重调查问卷企业类别描述

2.3 创新性评估

前后对比维度

大连出入境检验检疫局利用无人机进行水尺计重，实现了检验检疫手段的现代化、信息化，极大地提高了检验效率，降低了企业成本，提高了贸易便利化水平。与传统的拖轮作业模式相比，利用无人机进行水尺计重优势突出（见表2-1）。

表2-1 利用无人机进行水尺计重创新前后对比

工作模式创新前		工作模式创新后	
模式	◇人工查看水尺计重模式 ◇缺点：受环境和天气条件影响，效率低下，精度不高，具有一定作业风险，拖轮费用较高，给企业造成经济负担	模式	◇利用无人机进行水尺计重模式 ◇优点：受环境和天气条件影响较小，精度较高，企业无须支付任何费用，提高了通关效率和贸易便利化水平
操作方法	◇乘坐拖轮、攀爬软梯观察船舶3处水尺 ◇缺点：测量、计算时间较长，需要1~1.5小时，执法记录无法溯源，拖轮排放污染环境	操作方法	◇操控无人机观察船舶水尺 ◇优点：边检验、边输入、边计算，检验时间仅需15分钟，执法记录可回溯，大幅压缩检验流程和时限

无人机在杂草疫情普查中的应用，可覆盖人工无法到达的区域，实现无死角监测，借助移动有害生物远程鉴定系统并利用国内杂草鉴

定专家资源，实现检验、鉴定、处理同步进行，与传统的人工杂草疫情普查模式相比具有显著创新优势（见表2-2）。

表2-2 利用无人机进行杂草疫情普查创新前后对比

工作模式创新前		工作模式创新后	
模式	◇人工徒步普查杂草疫情模式 ◇缺点：受自然条件影响较大，效率低下，存在安全风险，普查时间一般为10天	模式	◇利用无人机普查杂草疫情模式 ◇优点：受自然条件影响较小，高清图像易于鉴定，降低普查费用，普查时间3~4天
操作方法	◇对铁路、公路沿线20米幅宽、长度2 000米为基数的不定长徒步普查，总计可达十几千米 ◇缺点：如遇封闭道路会增加普查难度，对矿石堆场普查中要攀爬十几米高的矿堆，存在安全隐患；如遇非常见疑似检疫性杂草，无法在现场作出鉴定，检疫、鉴定、疫情处理无法一次完成	操作方法	◇利用无人机拍摄高清图像，对非常见疑似检疫性有害杂草通过远程鉴定系统由专家鉴定，实时进行处理 ◇优点：大幅提高杂草疫情普查质量，缩短普查时间，实现检验、鉴定、处理同步进行

企业感知维度

通过企业深度访谈，他们对“无人机+检验检疫”工作新模式有较高的认可度。以大连港矿石码头为例，利用无人机进行水尺计重替代拖轮作业模式，仅拖轮费就节约6 000~8 000元/船。水尺观测时间的缩短，使通关效率得到提高，有效缓解船舶压港问题，提高船舶周转率，减少因船舶压港超过约定时间而支付的速遣费（外轮速遣费高达4万美元/天）。利用无人机进行水尺计重在经济、安全、环保方面成效显著，企业从中获益。

专家评价维度

无人机在检验检疫领域的应用，实现了检验检疫手段的现代化、信息化，极大地提高了通关效率，提升了贸易便利化水平。专家对该案例工作模式评分情况如下：创新性4.89分，降低企业成本4.90分，提高通关效率4.91分，提升港口竞争力4.88分，带动产业发展4.87分，案例创新性综合评价4.89分，"无人机+检验检疫"工作新模式创新性显著（如图2-5所示）。

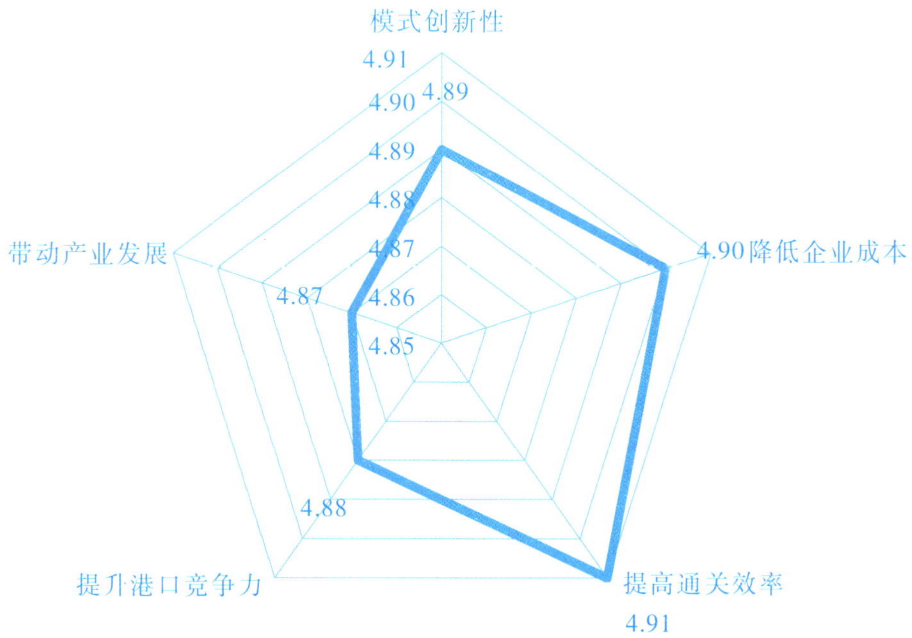

图2-5 "无人机+检验检疫"工作新模式创新性专家评分

2.4 创新成效评估

主要创新成效

◈ 取得显著经济效益。"无人机+检验检疫"工作新模式大幅降低了企业拖轮费用。2017年，仅大连港矿石码头前三季度就节约拖轮费100余万元，提升了企业盈利能力。大连出入境检验检疫局利用无人机普查辖区杂草疫情，同比降低普查费用近2 000元。

◈ 维护中方企业权益。利用无人机进行水尺计重，观测的船舶吃水数据得到船方认可，为国内企业及时发现进口大宗商品短重欺诈及索赔提供依据。2017年前三季度，大连出入境检验检疫局检出进口大宗散货短重批次31批，累计达19船次，涉及短重17 361吨，累计为企业挽回直接经济损失高达91万美元。

◈ 促进保税混矿业务开展。利用无人机进行水尺计重在提高检验效率的同时，也大幅度提高了大连港矿石码头的货运量和中转量（巴西企业对大连港的通关效率高度认可），促进了保税混矿业务持续增长。

◈ 引领行业标准的制定。大连出入境检验检疫局配合辽宁出入境检验检疫局完成《水尺计重、无人机等遥控设备应用规范》的制定，并安排专家进行标准审定。“无人机实现船舶水尺图像及视频拍摄的方法”申请专利，在行业标准制定和成像方法研发方面处于行业领先水平。

◈ 提升大连港口竞争力。无人机在检验检疫领域的应用使检验手段迈向现代化、信息化，检验工作效率、通关效率大幅提升，间接提高了港口作业效率，提升了大连港的竞争力。

◈ 带动港航物流产业发展。港口的上下游产业链条较长，港口货运量和中转量的提高，将拉动下游港航物流业的发展。大连港铁矿石、粮食进口量的稳定增长，对港航物流业起到了促进作用。

问卷调查结果

对“无人机+检验检疫”工作新模式进行的调查问卷结果显示，有39.02%的企业认为降低成本“一半以上”，有14.63%的企业认为降低成本“一半”，认为降低成本“一半”和“一半以上”的企业占53.65%。另有19.51%的企业认为降低成本“三分之一”，有17.07%

的企业认为降低成本“四分之一”，降低企业成本的创新成效突出（如图2-6所示）。

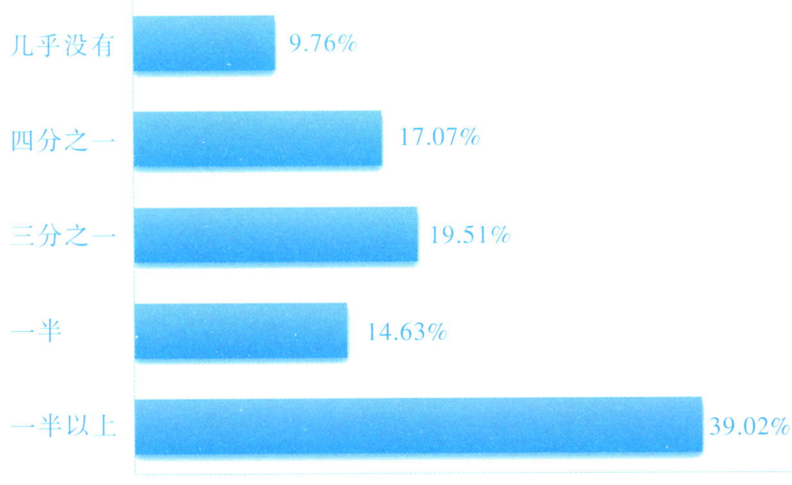

图2-6 “无人机+检验检疫”工作新模式降低企业成本调查结果

调查问卷结果显示，有36.59%的企业认为“无人机+检验检疫”工作新模式在发现进口大宗商品短重欺诈事件中“效果显著”，有34.15%的企业认为“比较有效果”，认为“有效果”的企业占9成以上（如图2-7所示）。

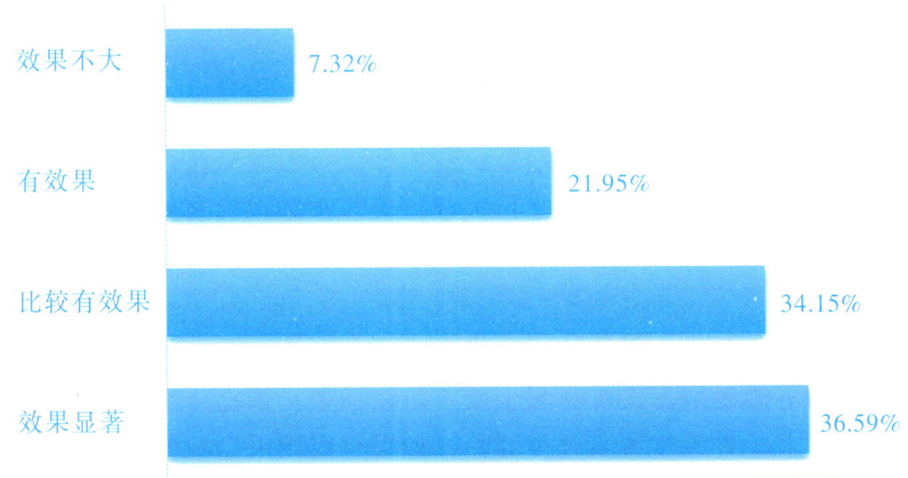

图2-7 “无人机+检验检疫”工作新模式在发现短重欺诈中的作用调查结果

调查问卷结果还显示，有41.46%的企业认为“无人机+检验检疫”工作新模式在提升港口竞争力方面“效果显著”，有24.39%的企业认为“比较有效果”，“无人机+检验检疫”工作新模式在提升港口竞争力方面的创新成效得到企业高度认可（如图2-8所示）。

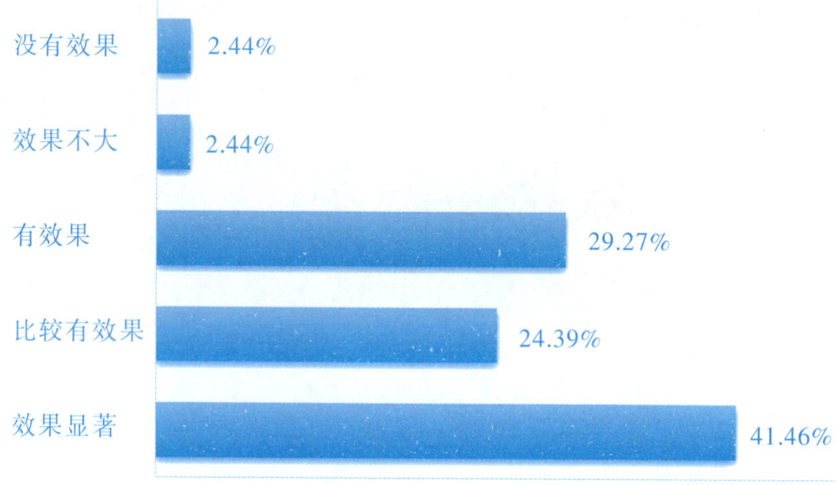

图2-8 “无人机+检验检疫”工作新模式提高港口竞争力调查结果

2.5 风险评估及防控措施

◈ 空管禁飞风险及防控措施

目前，国家航空主管部门、地方政府在不断完善无人机的有关政策法规。但是，遇到重要活动或航空管制时，会发布大面积禁飞无人机通知，如2017年6月21—22日，2017年大连夏季达沃斯论坛期间设置临时空中限制区。防控措施：应由专人负责政策法规的跟踪，及时了解相关政策，做到合法飞行；制订应急预案以应对临时空管等不可控情况的发生。

◈ 恶劣天气风险及防控措施

风力等级对无人机的使用有影响，此外，雨、雪、雾等非晴朗天气下，都不能使用无人机观测水尺。防控措施：依据传统水尺计重行业标准要求，对天气情况进行判断，如果可以则采用拖轮作业方式进行水尺计重，如果不允许则放弃水尺计重作业。

2.6 复制推广评估

◈ 复制推广价值

"无人机+检验检疫"工作新模式提高了检验工作效率和质量，提升了贸易便利化水平，具有较大的应用推广价值，可在全国进口粮食、铁矿石等口岸进行复制推广。

◈ 复制推广所需条件

"无人机+检验检疫"工作新模式复制推广需要两方面条件。一是购置符合水尺计重和杂草疫情普查高清图像拍摄要求的无人机；二是学习掌握无人机等遥感设备应用规范和水尺拍摄图像方法，熟练掌握无人机的操作和使用方法。

3 创新案例三：病媒现代鉴定技术促进贸易便利化

3.1 案例概况

案例描述

在传统的口岸病媒生物鉴定方式下，口岸截获病媒生物必须送大连出入境检验检疫局病媒生物实验室鉴定。由于口岸与生物实验室相距较远，送检时间较长，送检后3~4日才出鉴定结果，通关时间较长，影响正常船期，还增加了一线执法人员控制疫情的风险。

大连出入境检验检疫局克服口岸病媒传统鉴定方式送检和鉴定时间长、企业成本高、通关效率低的缺陷，以提升贸易便利化水平和口岸通关环境为目标，运用现代科技积极创新病媒生物鉴定方式。经过无数次摸索和实验，大连出入境检验检疫局生物实验室将病媒生物活体标本制作成放大、高清、特征易于掌握的三维影像标本，用于口岸病媒比对、鉴定，还将基于1 600张电子照片的单体标本制作成电子影像，为大连地区常见的15种病媒生物建立电子影像数据库，以此为基础创建口岸病媒生物远程鉴定系统。

病媒生物电子影像数据库和远程鉴定系统的建立，使口岸一线工作人员在截获病媒生物后可自行与电子影像数据库中病媒生物进行比对和鉴定，对没有把握的病媒生物可将显微镜下的放大影像传输到生物实验室，实现实时传输、实时鉴定，极大地提高病媒生物鉴定效率，缩短了通关时间，提升了大连通关便利化水平，促进了大连口岸贸易发展。

操作方法

◇口岸截获病媒制作标本。口岸一线工作人员在日常检验检疫中截获病媒，按照操作规范制作标本，在显微镜下观察。

◇比对数据库进行初步鉴定。通过显微镜对病媒生物仔细查看、分析，由一线人员进行现场鉴定；对无法进行现场鉴定的病媒，尽量缩小鉴定范围。

◇病媒生物专家远程鉴定。将需要鉴定的病媒影像通过网络传送到大连出入境检验检疫局病媒生物实验室，实验室专家对实时传输的图像进行远程鉴定，在短时间内作出鉴定结论。

创新亮点

如图3-1所示，病媒现代鉴定技术促进贸易便利化创新亮点如下：

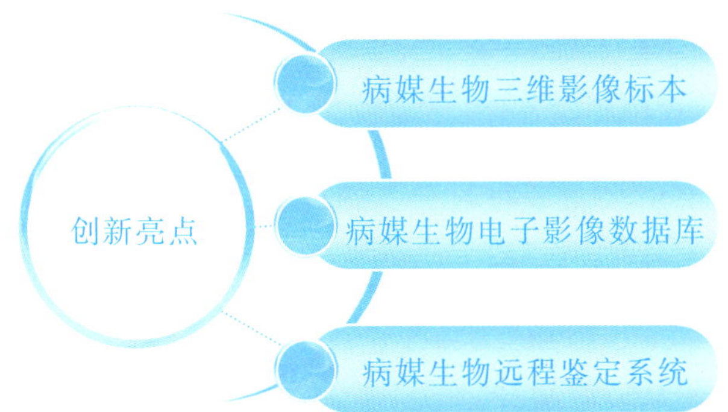

图3-1 病媒现代鉴定技术促进贸易便利化创新亮点

◇病媒生物三维影像标本。大连出入境检验检疫局经过三年多不断探索，在国内首创病媒生物三维影像标本，将病媒生物的整体外观、特征、习性等制成高倍放大的高清三维电子标本，360度无死角自由旋转，这种立体、直观、视觉冲击力强的三维影像可帮助口岸工作人员快速把握病媒生物特征，作出准确判断。

◇病媒生物电子影像数据库。为了提高口岸一线人员对病媒生物鉴定的准确率，在确保国门安全的前提下提高通关效率，大连出入境检验检疫局生物实验室业务骨干将传统标本进行电子化，每个标本由1 600张照片合成，将病媒生物的整体外观和突出特征高倍放大展示，配合文字说明，口岸一线人员可通过标本与数据库比对、特征搜索、目录检索完成鉴定，或缩小病媒生物范围。

◇病媒生物远程鉴定系统。对于口岸一线人员无法完成的鉴定项目，可借助病媒生物远程鉴定系统传输至生物实验室，由专家进行实时鉴定，降低疫情疫病控制风险，降低企业成本，提高通关效率，提升中国（辽宁）自由贸易试验区大连片区口岸贸易环境。

简要效果

2016年，巴西寨卡病毒病疫情流行期间，大连出入境检验检疫局在巴西入境的40万吨矿船上截获大量蚊虫，按照当时的要求应对该船进行熏蒸处理。通过使用口岸病媒生物远程鉴定系统，迅速鉴定出截获的蚊类为淡色库蚊和二带喙库蚊等，不是携带寨卡病毒的埃及伊蚊，排除寨卡病毒病疫情传播风险，为企业节约卫生处理等相关费用20余万元，缩短船期约48小时。在确保国门安全的情况下，降低了企业成本，提高了通关效率。

3.2 评估方法

如图3-2所示，病媒现代鉴定技术促进贸易便利化评估方法主要有以下几种：

◇深度访谈法。为了深入了解创新案例的发生、发展，主要内容和操作方法，与大连出入境检验检疫局卫检处有丰富实践经验的工作人员进行深度访谈。现场观看病媒生物实验室标本、三维影像标本、病媒生物影像电子数据库，观摩口岸病媒生物远程鉴定。

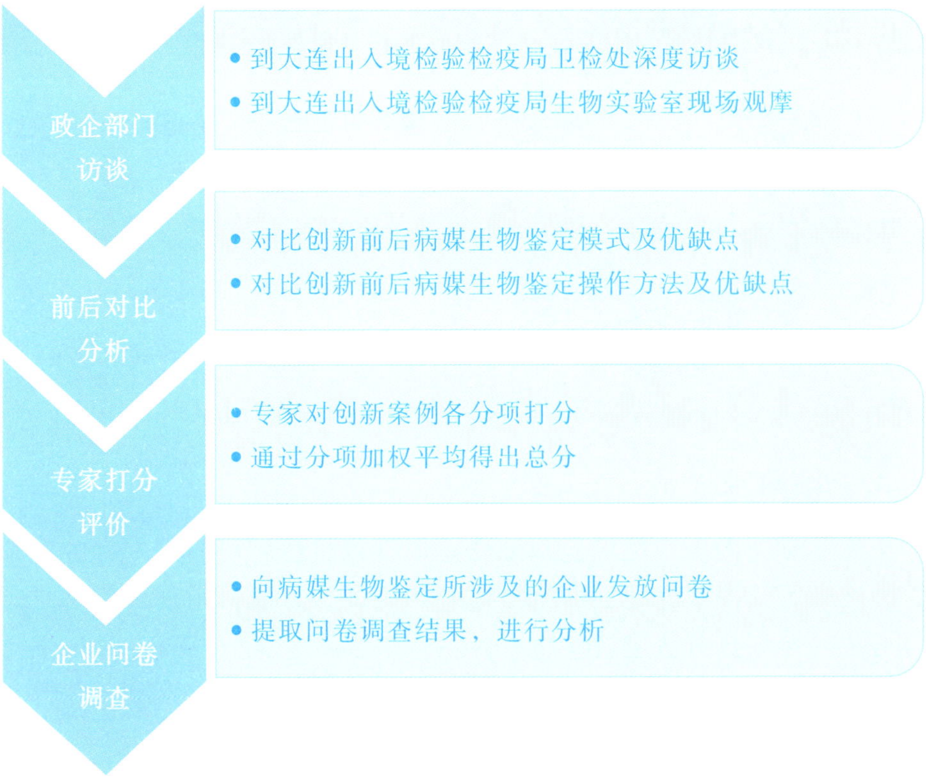

政企部门访谈	• 到大连出入境检验检疫局卫检处深度访谈 • 到大连出入境检验检疫局生物实验室现场观摩
前后对比分析	• 对比创新前后病媒生物鉴定模式及优缺点 • 对比创新前后病媒生物鉴定操作方法及优缺点
专家打分评价	• 专家对创新案例各分项打分 • 通过分项加权平均得出总分
企业问卷调查	• 向病媒生物鉴定所涉及的企业发放问卷 • 提取问卷调查结果，进行分析

图3-2 病媒现代鉴定技术促进贸易便利化评估方法

◈比较分析法。将创新前后的病媒生物鉴定方式进行比较，通过两种模式、操作方法优缺点比较，评价病媒生物鉴定方式的创新性。

◈专家打分法。对各创新分项进行专家打分，通过加权平均法计算总分，分项和总分均以5分为满分。

◈问卷调查法。向案例所涉及的企业发放问卷，了解企业对案例创新成效的感知度和满意度。在获取的样本中，民营企业占55.56%，国有企业占44.44%，无外资企业和港澳企业（如图3-3所示）。

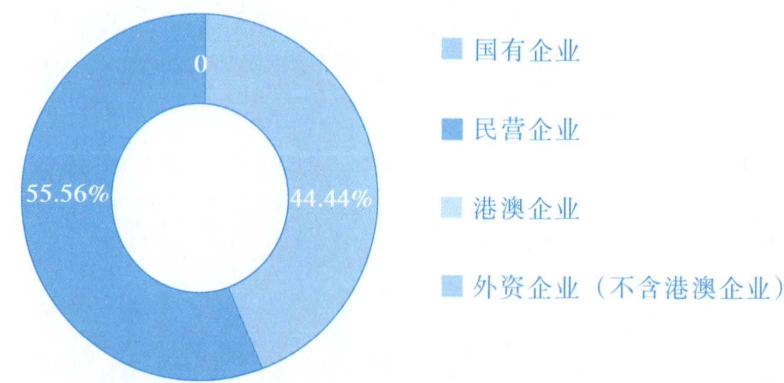

图 3-3　病媒现代鉴定技术促进贸易便利化调查问卷企业类别描述

3.3　创新性评估

为了对大连出入境检验检疫局运用现代科技转变病媒生物鉴定方式，促进贸易便利化的创新举措进行客观评价，现采用创新前后对比分析法、专家打分法进行评价。

前后对比维度

大连出入境检验检疫局立足自身技术优势，建立了口岸病媒生物三维电子影像标本、电子影像数据库、远程鉴定系统。通过在线传输口岸病媒显微镜下的视频信号，进行生物病媒远程鉴定。与过去的口岸截获病媒、人工送检模式相比，大幅提升检验检疫效率。通过与之前的鉴定方式比较，口岸病媒生物远程鉴定系统创新性突出，促进了中国（辽宁）自由贸易试验区大连片区贸易便利化水平和口岸软环境的提升（见表 3-1）。

表 3-1　口岸病媒生物鉴定方式创新前后对比

鉴定方式创新前		鉴定方式创新后	
模式	◇人工送生物实验室鉴定模式 ◇缺点：送检和鉴定时间长，不能及时进行风险评估和技术执法，疫情疫病控制风险大	模式	◇口岸病媒远程实时鉴定模式 ◇优点：无须人工送检，直接远程传输，提高了鉴定效率和通关效率，提升了大连口岸的贸易便利化水平

续表

鉴定方式创新前		鉴定方式创新后	
操作方法	◇口岸截获病媒，送病媒生物实验室鉴定 ◇缺点：通关效率低，影响企业正常船期，增加了仓租费用和运输费用，给企业带来额外工作负担，增加了企业成本	操作方法	◇与生物电子影像数据库进行比对，无法准确鉴定的传至生物实验室进行远程鉴定 ◇优点：生物病媒检验检疫速度快、结果准确，缩短船期和通关时间，节约企业仓储、运输成本

专家评价维度

大连出入境检验检疫局运用现代影像技术创新病媒生物鉴定方式，创建病媒生物电子影像标本、电子影像数据库、远程鉴定系统，使病媒生物鉴定大幅提速，极大降低了疫情疫病控制风险，极大地提高了大连口岸的检验检疫效率和通关速度，为中国（辽宁）自由贸易试验区大连片区贸易便利化提供了可靠保障。专家对该案例评分情况如下：技术创新4.89分，降低疫情风险4.82分，通关效率4.91分，鉴定准确率4.90分，创新综合评价4.88分，病媒生物检疫技术促进贸易便利化创新性突出（如图3-4所示）。

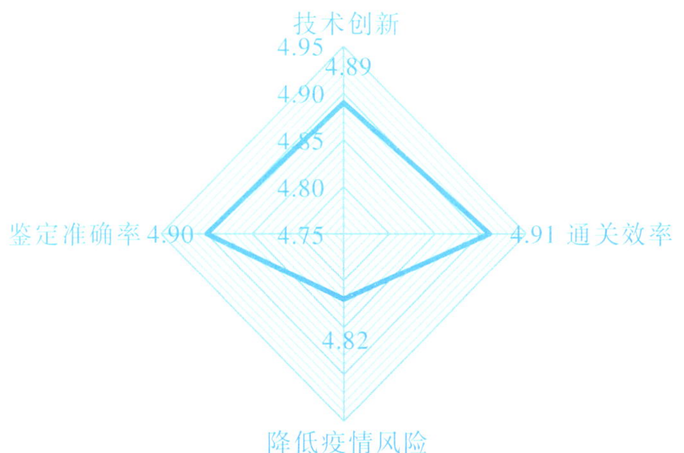

图3-4　病媒现代鉴定技术促进贸易便利化专家打分评估

3.4 创新成效评估

主要创新成效

◈ 有效降低了疫情疫病控制风险。传统病媒生物鉴定方式送检、鉴定时间较长，无法对病媒生物快速作出技术鉴定，及时采取有效措施灭杀疫病。病媒生物鉴定技术的创新，极大地缩短了鉴定时间，为控制疫情疫病提供了较大空间，为国门安全提供了可靠保障。

◈ 口岸贸易软环境得到优化。病媒生物电子影像标本、电子影像数据库、远程鉴定系统是对人工送检鉴定模式的彻底革新，极大地提高了病媒生物鉴定速度和准确率，缩短了通关时间，为企业节约了仓租和运输费用，改善了口岸贸易环境。

◈ 技术培训外溢效应不断扩大。病媒生物电子影像标本、电子影像数据库为病媒生物检验、鉴定提供直观且易识别的样本，为卫生检疫工作人员培训提供了高标准教学素材，为辽宁乃至全国卫生检疫工作人员进行岗位技能培训提供了全新方式。

问卷调查结果

对口岸生物病媒远程鉴定系统进行的调查问卷结果显示，有88.89%的企业认为至少能够缩短通关时间“一半以上”，有11.11%的企业认为至少缩短通关时间“一半”（如图3-5所示）。生物病媒远程鉴定系统在缩短通关时间方面的创新成效得到企业高度认可。

调查问卷结果还显示，有77.78%的企业认为口岸病媒生物远程鉴定系统能够降低企业成本“一半以上”，有22.22%的企业认为能够降低企业成本“一半”（如图3-6所示）。生物病媒远程鉴定系统在降低企业成本方面的创新成效得到企业首肯。

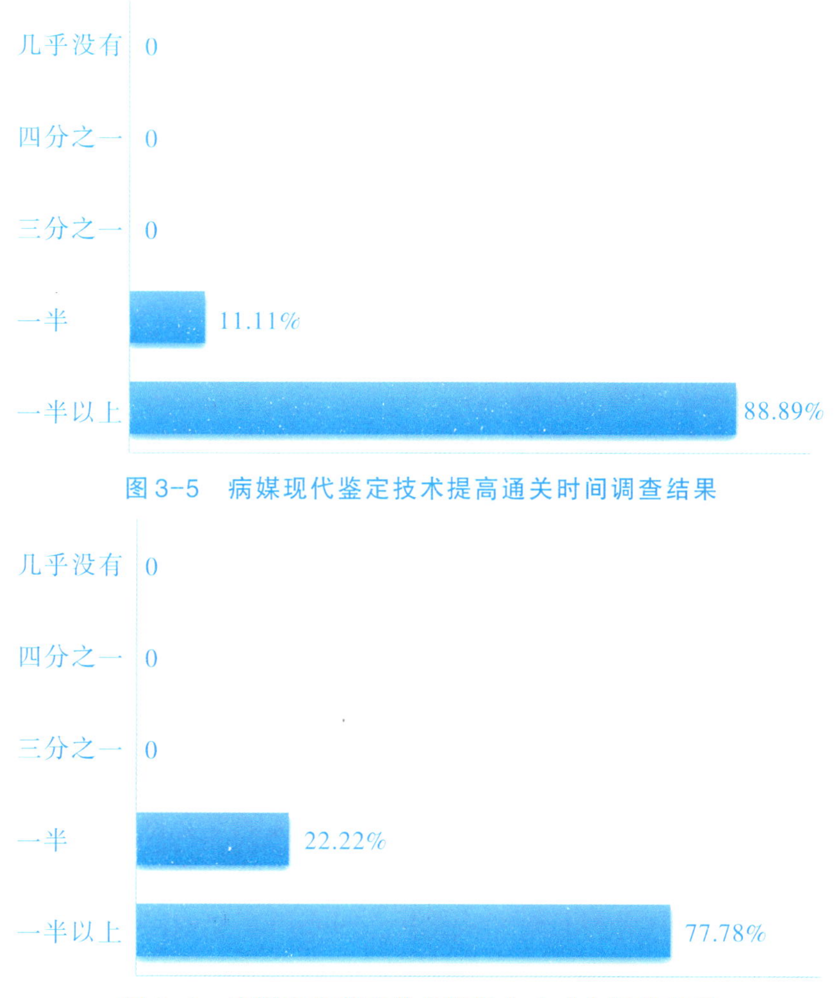

图 3-5 病媒现代鉴定技术提高通关时间调查结果

图 3-6 病媒现代鉴定技术降低企业成本调查结果

3.5 风险评估及防控措施

◈ 标本储备不足风险及防控措施

口岸病媒生物电子影像数据库中储备的电子标本种类较少，口岸常见病媒对应的标本无法全部找到，无法实时作出鉴定，需要在截获新病媒后不断制作新标本，丰富电子影像数据库。防控措施：可通过与国内其他口岸协作，获取短缺的常见病媒标本，对电子影像数据库进行扩容。

◈ 鉴定特点缺失风险及防控措施

由于口岸一线工作人员经验不足，在制作病媒标本时存在损坏风险，导致病媒生物标本基本特征缺失，无法保证鉴定的准确性。防控措施：应通过岗前和在岗培训以及“传帮带”等措施，使口岸一线工作人员熟练掌握标本制作技能，高质量地制作病媒生物标本。

3.6 复制推广评估

◈ 复制推广价值

口岸病媒生物电子影像标本、电子影像数据库、远程鉴定系统解决了口岸一线检疫业务量大、人员不足、专家缺乏等问题，能够整合有限的专家资源，对病媒生物进行远程快速鉴定，提升了口岸一线检验检疫能力和水平，加快了通关速度，促进了贸易便利化，具有较大的复制推广价值。

◈ 复制推广所需条件

口岸病媒生物电子影像标本、电子影像数据库、远程鉴定系统复制推广需要三方面条件。一是需配备显微镜、电脑、服务器等硬件设施，使口岸端的图像可及时传输到实验室端进行远程鉴定；二是电子数据库的建立需要较高的技术水平，需要持续的资金投入；三是口岸端要配备具有一定病媒生物监测经验的工作人员，通过与口岸病媒生物电子影像数据库比对进行初步鉴定，可熟练制作病媒标本。

4 创新案例四："共建共检"新模式打造粮食示范港

4.1 案例概况

案例描述

大窑湾出入境检验检疫局、大连保税区政府、中粮贸易北良公司开启监管部门、政府、企业三方共建进口粮食示范港项目，经国家质检总局专家组审核通过，成为全国首个进口粮食示范港，成为中粮集团坐落于自贸区内的粮食港。大窑湾出入境检验检疫局以"严控国门安全、便捷通关通检"为抓手，进行检验检疫监管模式、工作模式、监管手段创新，打造"一个主轴、两个指标、三个核心改造、四位一体、五个体系"（如图 4-1 所示），即以进口粮食疫情防控关键风险点为主轴，达到提高疫情检出率、缩短通关时限两个指标要求，完成在线实验室运行、植物疫情无害化处理和"互联网+全程监管"工作模式三个核心改造，实现一般贸易、保税与国际中转、期货和国储四种贸易形式粮食的港区内一体化仓储管理，打造生物安全防控、便捷化检疫、信息化监管、无害化处理、专业化安全保障五大体系。大窑湾出入境检验检疫局不仅与企业共建粮食示范港，还与企业建立"共管共检"检疫体系，对进口粮食进行全流程监管，在提高疫情检出率的前提下使得通关速度和效率大幅提升，进口粮食接卸规模逐渐扩大，粮食进口量增长态势良好，粮食物流集散功能凸显。

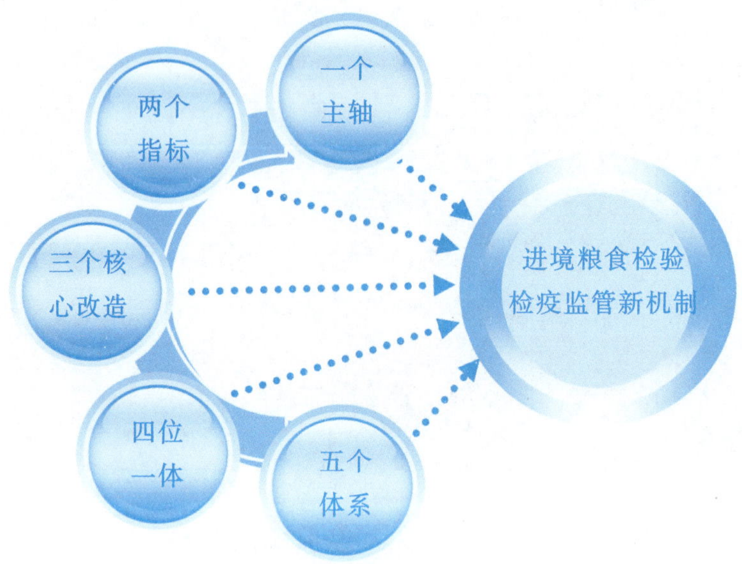

图 4-1 进境粮食检验检疫监管新机制

创新亮点

“共建共检”新模式是大窑湾出入境检验检疫局在管理、服务、参与粮食示范港建设过程中，将自身工作模式、检疫监管模式创新嵌入示范港创新体系中产生的集成创新（如图 4-2 所示）。

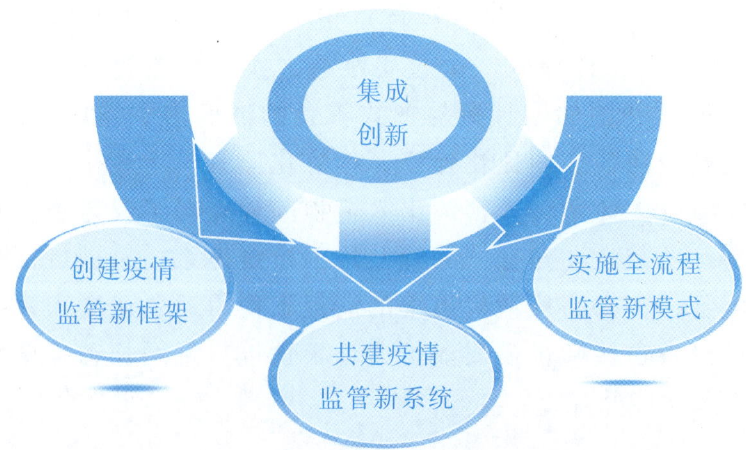

图 4-2 “共建共检”新模式创新亮点

◈创建疫情监管新框架。大窑湾出入境检验检疫局将监管、服务职责前移，全程参与中粮贸易北良有限公司进口粮食示范港的创建，将工作模式、检疫模式创新嵌入示范港创新体系之中，对粮食进口各环节、各节点实施有效监管，形成示范港疫情监管创新制度框架体系，推动粮食贸易、加工、仓储全产业链发展，助推大连国际粮油食品物流产业园建设。

◈共建疫情监管新系统。大窑湾出入境检验检疫局与中粮贸易北良有限公司合作建立在线实验室，前者为后者提供培训、指导等技术支持，该在线实验室已具备计量认证与实验室认可资质，取得辽宁出入境检验检疫局实验室备案证书，可开展进口粮食品质检验、转基因检测、农药残留检测及其他安全卫生等项目的检测。该在线实验室的建立将检验检疫工作前移到卸粮流水线上，边卸边检，卸货结束的同时检验工作完成，不仅能够实时掌握卸粮情况，发现问题及时处理，而且大大缩短了进口粮食采样、送样、检测周期，提高了检测效率和疫情检出率。

◈实施全流程监管新模式。大窑湾出入境检验检疫局与中粮贸易北良有限公司进口粮食示范港推动检港协作，创建"互联网+全程监管"模式，实现从粮食申报、锚地检疫，到卸船、仓储监管，再到调运监管的全流程监管。对于通过火车及汽车调运的进口粮食，引入车号识别系统和GPS定位系统，通过与指运地检验检疫机构签署合作备忘录形式，实现口岸与指运地检验检疫部门间的调运无缝衔接和调运信息实时互通。丰富和升级检验检疫部门对进口粮食的监管手段，提高执法能力，有效保障进口粮食按照进口动植物检疫许可证规定流向指定加工厂加工，保护国内农业生产安全和林业生态安全；降低港口运营成本，提高港口竞争力；在港口周边形成聚集效应，形成粮食贸易、加工和仓储产业链，粮食物流集散功能显现，促进了地方经济发展。

简要效果

中粮贸易北良有限公司进口粮食示范港创建后，每船进口粮食节约装卸、待检时间4～8天，减少了检疫处理粮谷转运、属地处理等时间和装载费用，避免疫情二次污染，预计每年为进口企业减少成本数千万元。中粮贸易北良有限公司进口粮食示范港运行半年来累计实现进口粮食中转量266.5万吨，同比增长19.5%，增加中转收入1 800万元。其中，大豆和大麦分别进口232.9万吨和33.6万吨，同比分别增长40.8%和46.7%。中粮贸易北良有限公司进口粮食示范港对产业拉动效应显现。

4.2 评估方法

如图4-3所示，“共建共检”新模式评估方法主要有以下几种：

政企深度访谈
- 与大窑湾出入境检验检疫局工作人员深度访谈
- 与中粮贸易北良有限公司管理人员深度访谈
- 与中粮日清（大连）有限公司管理人员深度访谈

前后对比分析
- 对比创新前后监管模式及优缺点
- 对比创新前后操作方法及优缺点

专家打分评价
- 专家对创新案例各分项打分
- 通过分项加权平均得出总分

企业问卷调查
- 向进境粮食示范港相关企业发放问卷
- 提取调查问卷结果，进行分析

图4-3 “共建共检”新模式评估方法

◈深度访谈法。与大窑湾出入境检验检疫局、中粮贸易北良有限公司、中粮日清（大连）有限公司相关人员进行深度访谈，了解该进口粮食示范港创建过程中检验检疫监管模式创新内容，以及创新后企业的获得感。

◇比较分析法。将创新前后两种模式、操作方法及其优缺点进行比较，分析"共建共检"模式的创新性。

◇专家打分法。对各创新分项进行专家打分，通过加权平均法计算总分，分项和总分均以5分为满分。

◇问卷调查法。向案例所涉及的企业发放问卷，了解企业对案例中集成创新的客观评价。本案例获取样本中，国有企业占73.53%，外资企业占17.65%，民营企业占8.82%，没有港澳企业（如图4-4所示）。样本企业类别中国有企业超过7成，中国（辽宁）自由贸易试验区大连片区粮食企业中国有企业所占比例较高。

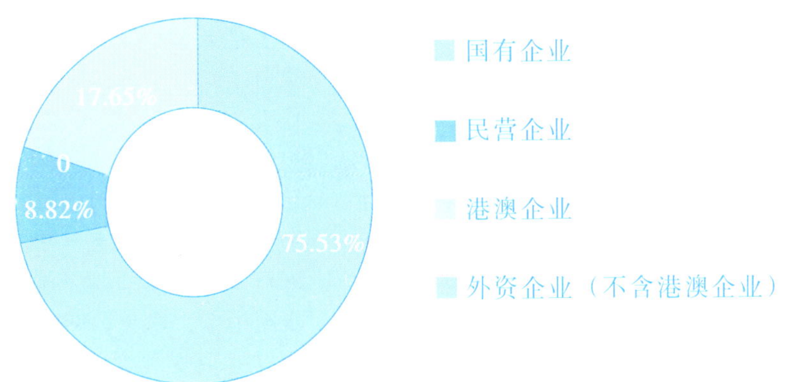

图4-4　"共建共检"新模式调查问卷企业类型描述

4.3　创新性评估

在"共建共检"监管新模式下，中粮贸易北良有限公司进口粮食示范港与大窑湾出入境检验检疫局对进口粮食共同进行全流程监管，通过在线实验室的创建使检疫效率、疫情检出率大幅提高，同时缩短了通关时间，加快了港口周转率，提升了港口竞争力。

前后对比维度

针对“共建共检”的集成创新模式，从创新前后对比、企业感知、专家评价多维度进行创新评估（见表4-1）。

表4-1　　“共建共检”新模式创新前后对比

监管模式创新前		监管模式创新后	
模式	◇上船检验、取样送检模式 ◇缺点：候检时间较长，船到锚地如果未发现疫情则进入作业，靠泊一般需要3天时间	模式	◇互联网+全程监管模式 ◇优点：疫情发现后截获效果好，未发现疫情当天靠泊作业，快速通关，服务地方经济
操作方法	◇检验检疫人员在锚地上船，对货物表层实施检验检疫，检验结果送省技术中心鉴定，无重大异常质量安全情况后船舶方可进港，散装粮食应当在港口继续接受检验检疫 ◇作业时抽取样品，送省技术中心检测鉴定，需15~30天，无疫情方可调运 ◇缺点：作业取样后鉴定时间长，粮食调离效率低，影响下游企业生产效率和经济效益	操作方法	◇将船周围100米封闭，工作人员上船检疫，无疫情风险方可作业 ◇作业时通过在线实验室检验，边作业边检验，7天可出检验结果，即可进行调运 ◇卸粮流程产生的粉尘集中收集进行高温灭活，无害化处理后变废为宝，避免后期疫情扩散 ◇优点：取样更为精准，现场检验能力、疫情检出率提高，可根据检验结果指挥生产，港口利用率大幅度提高，粮食加工企业经济效益显著

企业感知维度

通过企业深度访谈，其对“共建共检”监管新模式感受强烈，认为中国（辽宁）自由贸易试验区大连片区设立以来，大窑湾出入境检验检疫局服务意识大幅度提升，为企业提供全方位服务，为企业带来显著经济效益。以中粮日清（大连）有限公司为例，通关时间由以前的15天缩短到现在的3～5天，资金周转率大幅提高。快速通关缩短了进口粮食在港口停留时间，仅此一项每年获船东奖励速遣费达200万～300万元，促进了企业降低成本，提高了利润率。中粮集团还在全国30多家下属企业中进行进口量调配，将进口粮食加工量首先调配给通关效率高的港口和企业，使中粮日清（大连）有限公司粮食加工量由20万～30万吨提高到60万吨，开工率由过去的50%提高到98%以上，远远领先于国内其他口岸同规模企业。"共建共检"监管新模式极大地带动产业链下游粮食加工产业的发展，带动了港口发展。

专家评价维度

进口粮食检验检疫新模式是"检港"合作下产生的"共建共检"新模式，不仅提高了疫情检出率，还降低了企业的时间成本和经济成本，提高了通关效率和便利化水平，带动粮食加工产业的发展。经专家打分评估，进口粮食检验检疫新模式创新集成性为4.92分，提高疫情检出率为4.89分，降低企业时间成本和经济成本为4.91分，通关便利性为4.88分，带动产业发展为4.90分，创新综合评价得分4.90分，进口粮食检验检疫新模式创新性显著（如图4-5所示）。

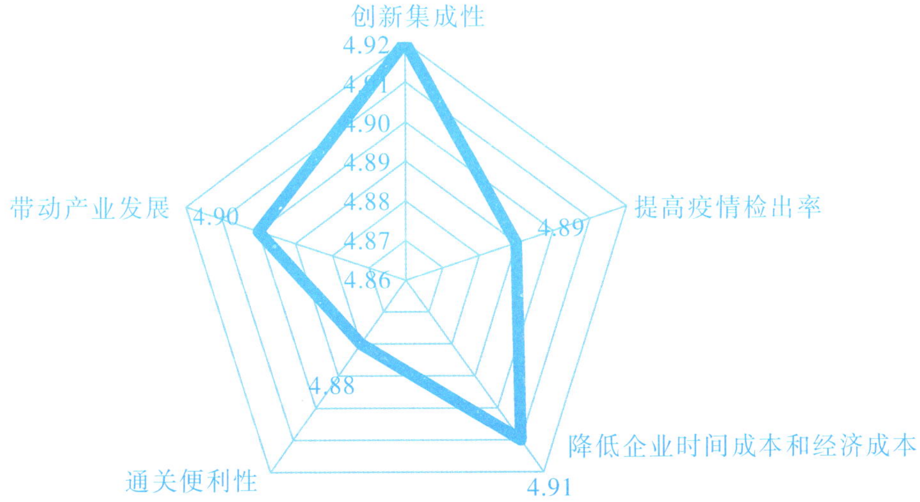

图4-5 "共建共检"新模式创新性专家评分

4.4 创新成效评估

主要创新成效

◈ 提升疫情管控能力。新监管模式下疫情检出率显著提高，平均每船截获有害生物种类提高近40%；植物真菌、病毒、虫卵等灭杀率达100%，对卸粮过程中产生的粉尘无害化处理彻底。强化对进口粮食疫情的有效管控，确保了国内食品安全、农业生产安全、自然生态安全。

◈ 提升贸易便利化水平。大窑湾出入境检验检疫局联合港口共建在线检疫实验室，使疫情检得出、检得准、检得快，大幅提升了进口粮食通关效率，平均通关时间减少4～12天，通关速度提升50%以上，散粮船平均滞港时间缩短1天，提高靠泊效率25%，促进了中国（辽宁）自由贸易试验区大连片区贸易便利化水平的提升，推动了国际粮食中转贸易的发展。

◈ 提升粮食示范港竞争力。新监管模式使中粮贸易北良有限公司进口粮食示范港的运营日趋成熟，港口周转效率稳步提高，进口粮食中转量几近翻番。预计北良港年接卸中转量将由300万吨提高到600万吨，中转收入增加2.4亿元；大连港股份有限公司散粮码头年接卸中转量将由260万吨提高到500万吨，增加中转收入1.7亿元，全国首个进口粮食示范港竞争优势凸显。

◈ 为自由贸易港探索经验。中粮贸易北良有限公司进口粮食示范港的建设提升了北良港的国际化程度，借助中国（辽宁）自由贸易试验区制度红利，进口粮食可在区内进行加工、分包等作业，现已获批粮食集装箱进行国际中转业务，可为自由贸易港建设探索经验。

◈ 带动腹地产业和经济发展。将保障大连地区港口的先发优势，实现“买天下粮卖天下”的发展战略，在港口周边形成聚集效应，形成粮食贸易、加工和仓储产业链，推动“大连国际粮油食品物流产业园”建设，促进地方经济发展，保障国内粮食安全，推动新一轮东北振兴、东北亚航运中心和辽宁自贸试验区建设以及“一带一路”倡议实施。

问卷调查结果

对进口粮食检验检疫新模式进行的调查问卷结果显示，有73.53%的企业认为疫情检出率提高"一半以上"，有14.71%的企业认为疫情检出率提高"一半"，有88.24%的企业认为新检疫模式提高疫情检出率"一半"和"一半以上"，案例创新成效得到了企业层面肯定（如图4-6所示）。

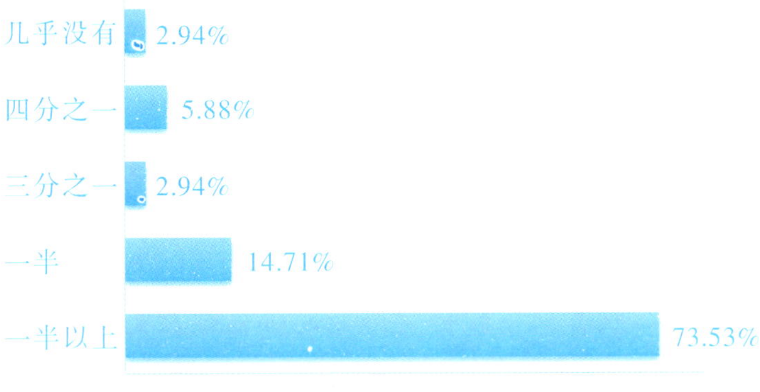

图4-6 进口粮食检验检疫新模式提高疫情检出率调查结果

调查问卷还显示，有67.65%的企业认为进口粮食检验检疫新模式降低时间成本和经济成本"一半以上"，有14.71%的企业认为降低时间成本和经济成本"一半"（如图4-7所示）。本案例在提高疫情检出率和降低企业时间成本和经济成本方面的创新成效显著。

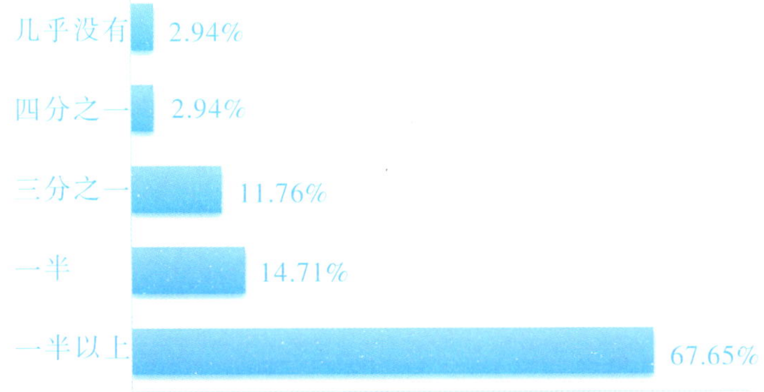

图4-7 进口粮食检验检疫新模式降低企业时间成本和经济成本调查结果

4.5 风险评估及防控措施

“共建共检”监管新模式，实施全封闭检验检疫，实现边作业边检验，有效控制进口粮食各流程、各环节的疫情风险。卸粮过程产生的粉尘进行无害化处理，降低了卸粮期间疫情在港区扩散风险，降低了疫情随粮食调运扩散到粮食产区的风险。信息化可视化系统使粮食装卸实现视频监控，火车车号识别系统和汽车GPS定位系统，可有效保证进口转基因粮食用于国家规定用途，确保生物安全和农业生态安全。因此，“共建共检”新监管模式与之前的监管模式相比风险全部可控，有预案和应急机制。

4.6 复制推广评估

◈ 复制推广价值

“共建共检”监管新模式极大地调动了企业参与检验检疫的积极性，利用其资金优势建立在线实验室，同检验检疫部门一起完成进口粮食全程监管，不仅提高了疫情检出率和通关效率，还提升了港口周转率，带动了下游产业发展。“共建共检”模式本身和粮食全流程监管均具有较大的推广价值。

◈ 复制推广所需条件

“共建共检”粮食监管新模式复制推广需要具备两方面条件：一是示范港的软硬件条件，按照国家进口粮食示范港业务流程、港口作业制度的要求，进行港口的现代化升级改造，形成全封闭机械化装卸转运体系、信息化操作体系、程序化的检验检疫体系，对进口粮食的全流程进行有效监管；二是企业进行相应的资金投入，建立在线实验室，具备检验检疫相应资质和技术能力，与监管部门共同完成检验检疫技术操作和检测鉴定。

5 创新案例五：微波检疫集成创新促进产业发展

5.1 案例概况

案例背景

我国是全球木材消费和加工大国。随着生态保护力度的加大，天然林商业采伐被全面禁止，国内特别是东北地区木材加工产业旺盛的原木需求只能转向进口，预计年进口量为2 000万立方米，原木已成为中国主要的进口大宗商品之一。

进口原木携带的有害生物种类多、数量大，对国门安全造成很大威胁。但传统的药剂熏蒸检疫处理方式效率低、污染高，特别是因为对臭氧层破坏严重而在世界范围被全面禁用。如果没有更好的原木检疫替代技术，原木进口将遭遇瓶颈，东北4 000多家木材加工企业以及国内木材加工业将面临原材料短缺危机。

案例描述

面对进口原木带来的检验检疫挑战，经国家质检总局批准，大窑湾检验检疫局、大连港森立达木材交易中心有限公司、北京华航无线电测量研究所、辽宁出入境检验检疫局检验检疫技术中心进行联合科研攻关，在进口原木领域开启检疫技术“共建共检”新模式。2015年9月16日，全国首套微波介电加热检疫处理原木实验舱在大窑湾口岸建造完成，国家质检总局专门就实验用集装箱装载的进口原木批准便利措施和优惠政策。

经过600余组数据采集、效果评价及大量文献检索工作，最终摸索出微波检疫处理技术机理、穿透性、均匀性以及有害生物灭活的关键参数和技术指标，在原木处理的安全性、均匀性、有效性方面取得了关键性突破。11名植物检疫及相关领域专家对项目评审论证后认为，通过微波介电加热处理方式在61℃以上、持续1分钟条件下，对天牛、小蠹和吉丁等有害生物具有100%灭杀效果。

在项目二期工业化应用示范工程建设过程中，针对东北腹地木材贸易和生产加工产业需求，对微波能量分布均衡性、自动传输控制、工业生产效率、安全屏蔽防护等方面进行了优化和提升。目前，在技术水平、工业化能力、自动化程度、安全屏蔽等方面均达到世界先进水平，具有自主知识产权的世界首套大型微波介电加热检疫处理原木工业化应用装备已完成，在国际上抢占了应用微波处理原木重大装备研制的制高点，是原木检疫处理领域的一次技术革命和示范引领。

创新亮点

如图5-1所示，微波介电加热检疫处理原木创新亮点主要表现在以下方面：

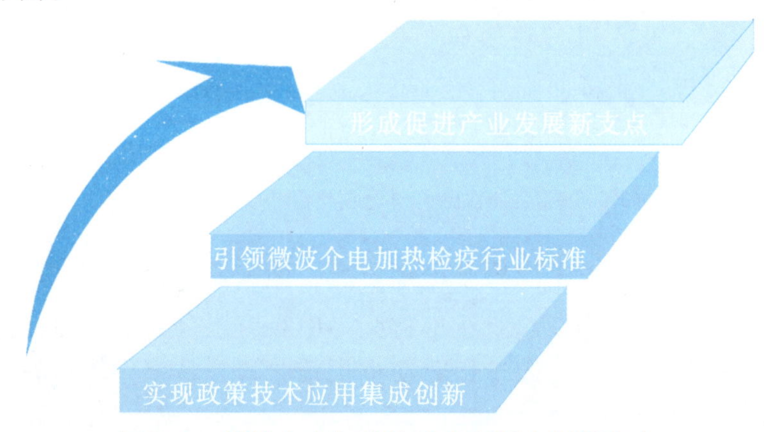

图5-1 微波介电加热检疫处理原木创新亮点

◇ 实现政策技术应用集成创新。微波介电加热检疫处理原木技术、装备研发及试运行期间，国家质检总局政策先行，促进口岸部门、企业、科研单位多方通力合作，政策、技术、应用深度融合，实现政策引领、技术攻关和企业应用三个层面的集成创新。

◈引领微波介电加热检疫处理行业标准。微波介电加热检疫处理原木集成创新引领行业标准制定。《微波介电加热检疫处理原木技术规范性标准》编制完成后得到国家认证认可监督管理委员会认可；行业标准《进境原木检疫处理操作规程——微波介电加热法》获国家质检总局通过；基于实验数据代表中国向国际同类标准草案提出意见，发出中国声音，赢得原木检疫处理国际领域话语权。

◈形成促进产业发展新支点。微波介电加热检疫处理原木方式实现对溴甲烷熏蒸处理方式的替代，打破了原木进口瓶颈，有效解决了东北4 000余家木材加工企业的原材料短缺问题，使木材加工产业利用国际市场资源，促进国内产业发展，带动东北地区乃至全国木材加工产业可持续发展，促进地区经济发展的同时助力大连木材交易中心建设。

简要效果

通过微波介电加热检疫技术装备对40 128根进口美国原木进行3 344次实验，共截获有害生物159种，114 275头。实验证明，在保证原木品质不受损的前提下，该装置对北美进境阔叶原木上携带的钻蛀性害虫以及美国针叶木上携带的松材线虫具有100%灭杀效果，符合检疫处理相关技术要求。

微波介电加热检疫处理原木项目被中国（辽宁）自由贸易试验区大连片区列为10大重点工程，被大连市发改委评定为“2017年大连市制造业重点领域首台（套）技术设备示范应用项目”。微波介电加热检疫装备包括的7项军转民技术，均被列入“国家重大项目库”，获国家发展改革委服务业引导资金补贴支持。已申请国家发明专利6项，获得实用新型专利授权5项，引起美国农业部高度关注。

5.2 评估方法

微波介电加热检疫处理原木案例创新评估，除采用政企深度访谈法、对比分析法、问卷调查法外，首次采用项目验收专家评价法。微波介电加热检疫处理原木技术和装备均为国际首创，相关领域知名专家在项目验收和成果鉴定时对其创新性进行的定性和定量评价具有权威性和公信力，本案例评估对专家组验收、评审结论直接加以采信。

如图5-2所示，微波介电加热检疫处理原木评估方法主要有以下几种：

政企深度访谈
- 到大窑湾出入境检验检疫局深度访谈
- 到大连港森立达木材交易中心有限公司访谈
- 到现场观摩微波介电加热检疫处理舱

前后对比分析
- 对比创新前后监管模式及优缺点
- 对比创新前后操作方法及优缺点

专家验收评价
- 南京林业大学叶建仁教授等专家评价
- 中科院沈阳分院姬兰柱研究员等专家评价

企业问卷调查
- 向微波介电加热处理原木相关企业发放问卷
- 提取调查问卷结果，进行分析

图5-2 微波介电加热检疫处理原木评估方法

◈ 深度访谈法。对大窑湾出入境检验检疫局、大连港森立达木材交易中心有限公司进行访谈，了解创新案例主要内容和操作方法。深入大窑湾保税港区微波介电加热检疫处理舱进行现场观摩，了解微波介电加热检疫处理原木机理、操作、效果等方面内容 。

◈ 比较分析法。将微波介电加热检疫处理原木方式与传统的溴甲烷熏蒸方式进行比较，通过两种模式、操作方法优缺点比较，评价微波介电加热检疫处理原木的创新性。

◈ 专家评价法。微波介电加热检疫处理原木项目分别由中国出入境检验检疫协会、辽宁技术经济评估中心牵头进行项目验收和成果评价，国内相关领域专家对项目进行的全面客观评价为本案例评估的重要依据和方法。

◇问卷调查法。向案例所涉及的企业发放问卷，了解企业对案例创新成效的感知度和满意度。

5.3 创新性评估

前后对比维度

微波介电加热检疫处理技术填补快速灭杀原木害虫检疫领域世界空白，与传统的药剂熏蒸处理方式相比，不仅具有环保、高效、安全的显著优势，还因超强的原木害虫处理能力，显著提高了通关效率和口岸验放速度，凸显了“大通关”制度创新优势（见表5-1）。

表5-1 微波介电加热检疫处理技术创新前后对比

技术创新前		技术创新后	
模式	◇药剂熏蒸处理方式 ◇缺点：药剂熏蒸处理原木中携带的有害生物，以毒制害，有神经性毒气排放，易造成环境污染，对臭氧层破坏严重；药剂熏蒸成本高	模式	◇微波介电加热处理方式 ◇优点：以物理方式替代药剂处理方式，快速灭杀木材中的害虫，绿色环保，对臭氧层没有破坏；处理成本低，不足熏蒸方式的1/12
操作方法	◇溴甲烷熏蒸原木内病虫害 ◇缺点：耗时较长，至少需要24小时，在灭杀虫害的同时对自然生态环境造成严重破坏	操作方法	◇高功率微波上下双向波导照射 ◇优点：处理时间仅需0.5小时，穿透能力强，杀虫效果好，安全、高效、环保

专家评审维度

2017年11月16日，辽宁技术经济评估中心组织生态学、光电子学、植物检疫、森林保护、电磁场与微波技术等领域专家对该项目进行验收，中科院沈阳分院姬兰柱研究员、大连理工大学黄辉教授、中国检验检疫科学研究院詹国平研究员、沈阳农业大学高国平教授、北京理工大学何芒教授等7人组成的专家组，在审阅项目工作报告与技术报告、听取汇报、进行质询、充分讨论的基础上，对技术创新程度、技术经济指标的先进性、技术难度与复杂程度、技术重现性和成熟度、技术创新推动科技进步和提高市场竞争力、经济社会效益及存在的问题等方面，给出定量与定性的意见，形成项目综合评分（见表5-2、图5-3）与评价结论。专家组对项目的总体评分为90.71分，项目创新性突出。专家组综合评价意见认为，大型工业化微波介电加热检疫处理原木对有害生物的灭杀效率达100%，具有处理能力强、应用范围广、环境安全可靠、操作便捷等特点，实现对溴甲烷等熏蒸处理方法的替代，装备研发和应用均为国际首创，成果具有完全自主知识产权，总体达到国际领先水平。

表5-2　微波介电加热检疫处理原木项目专家评分表

评价指标	评分
1.技术创新程度	23.00
2.技术经济指标的先进度	19.00
3.技术难度和复杂程度	8.86
4.技术重现性和成熟度	12.86
5.技术创新推动科技进步和提高市场竞争力	9.29
6.经济社会效益	17.71
总体评分	90.71

2017年11月29—30日，国家质检总局科技司委托中国出入境检验检疫协会对“大连口岸微波介电处理原木应用研究”进行项目验收审查。专家组由南京林业大学叶建仁教授、北京理工大学王学田教

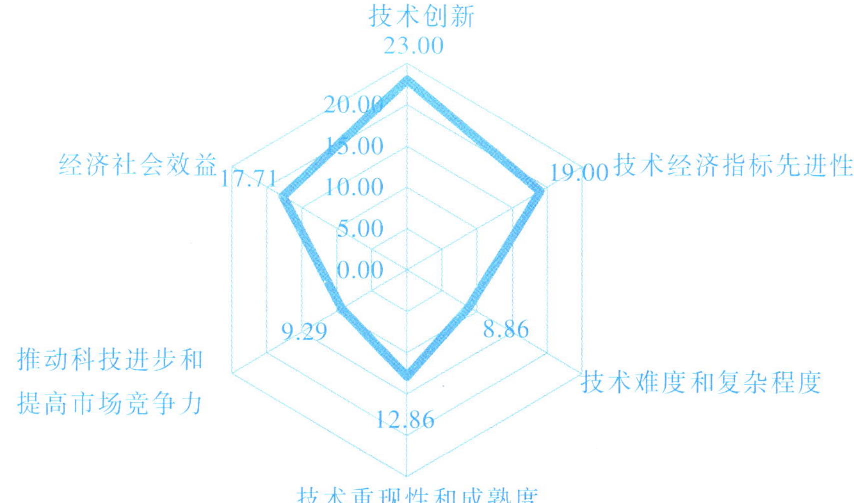

图 5-3　微波介电加热检疫处理原木创新性专家评分

授、深圳出入境检验检疫局动植物检验检疫技术中心余道坚研究员等7人组成，他们的研究涉及森林病理、动植物检疫、植物线虫分类与防治、微波与太赫兹技术领域。专家组通过现场查看、听取汇报、审阅材料、质询讨论形成验收意见，认为项目解决了高能量效率微波的产生、传输与均匀分配、安全控制等难题，自主研发的大型微波介电热处理装备对原木检疫效果符合检疫处理要求，可以实现对溴甲烷等熏蒸处理方法的替代，验收专家组一致同意该项目通过验收，建议尽快投入实际使用。

5.4　创新成效评估

主要创新成效

◈ 大幅提升贸易便利化水平。极大提高了口岸验放速度，缩短了通关时间，提升了贸易便利化水平，原木检疫处理能力将实现年处理5万集装箱、100万立方米进口原木的规模，大连口岸进口原木检疫处理方式取得革命性变革。

◈ 促进原木进口贸易和产业发展。微波介电加热检疫处理原木项目将促进大连口岸木材进口量和交易量快速增加，进一步活跃原木进口贸易，有效破解我国木材产业原材料短缺困境，将对东北地区4 000多家木材加工企业可持续发展起到重要作用。

◇ 提升口岸周边集聚能力。该技术装备在大连口岸投入使用，将深度融合国内、国际两个市场，扩大原木贸易量，形成进口木材资源集聚效应，提高木材产业资源全球配置能力，加速大连木材交易中心建设。

◇ 带动装备制造业的发展。微波介电加热检疫处理装备已达到先进工业化水平，具备进行工业化生产的前期基础和条件，该装备在全国木材口岸的推广应用，将带动大连装备制造业的发展。

问卷调查结果

微波介电加热检疫处理原木技术尚未推广使用，仅有15家企业使用该技术处理原木。

对微波介电加热检疫处理原木进行的调查问卷结果显示，认为其创新效果显著的企业达100%，认为其对木材产业发展有带动作用的企业达100%，企业对微波介电加热检疫处理原木带动产业发展给予高度肯定（如图5-4所示）。

图5-4 微波介电加热检疫处理原木带动木材产业发展调查结果

5.5 复制推广评估

◈ 复制推广价值

◇微波介电加热检疫处理技术目前尚属国际首创，可以快速、安全、高效、环保地灭杀原木中携带害虫，极大地提高原木通关效率，缓解木材产业原材料短缺，对产业集聚、经济发展具有明显的促进作用，在检验检疫口岸具有较大的应用前景和复制推广价值。

◇微波介电加热检疫处理技术可向国内其他原木进口口岸推广，提升其通关效率和检疫的有效性。此外，该处理方式还可以对目前全国口岸采用溴甲烷熏蒸检疫处理的粮食、废纸、饲草等货品，开展绿色、高效、环保的检疫处理。

◈ 复制推广所需条件

微波介电加热检疫处理原木创新举措复制推广需要两方面条件。一是有较大木材需求的口岸，迫切需要进口原木检疫替代技术；二是有足够财力购买微波介电加热检疫处理原木整套装备，口岸具备建设微波介电加热检疫处理舱的土地、环境等条件。

5.6 存在的问题与对策建议

◈ 存在的问题

微波介电加热检疫处理原木技术极大地提高大连口岸原木处理能力，将使原木年进口量达到100万立方米。但是，与国内进口原木规模较大的口岸相比，仍存在较大差距。如江苏太仓年进口量为1 000万立方米，山东日照为500万立方米。

受原材料供给影响，木制品出口企业利润大幅下滑，国内市场却对实木制品有着旺盛需求，木制品企业迫切希望由出口转向内销。由于出口和内销木制品的生产标准不同，导致高标准、高品质的外销木制品转向内销时遭遇瓶颈。

◈ 对策建议

以大连口岸研制的微波检疫处理技术装备推广应用为契机，由市政府牵头，发展改革委、商务局、金融局、海关等相关职能部门和企业共同研究，合理布局、科学规划“大连进口木材检验检疫国检示范区”，并给予配套政策和具体推动措施，加快招商引资步伐，吸引更多木材贸易、生产加工企业落户。

加速推进木制品“三同”步伐，即企业在同一条生产线上，按照相同标准生产出口和内销产品，使供应国内和国际市场的产品达到相同质量水平。增加国内高质量、高环保木制品供给，满足消费升级的同时，促进国内木制品产业升级。

6 创新案例六：过境班列快速通关

6.1 案例概况

案例描述

海铁联运物流通道以其运距短、速度快、安全性高的特征，以及绿色环保、受自然环境影响小的优势，成为国际物流中陆路运输的主要方式。海铁联运物流通道组织日趋成熟，班列沿线国家经贸交往日趋活跃，国家间铁路、口岸、海关等部门的合作日趋密切，在“一带一路”倡议中发挥重要作用。为适应日益增长的中欧班列沿线各国间国际联运需要，进一步提高运输质量和效益，铁路部门制定了“六统一”原则（如图6-1所示）。

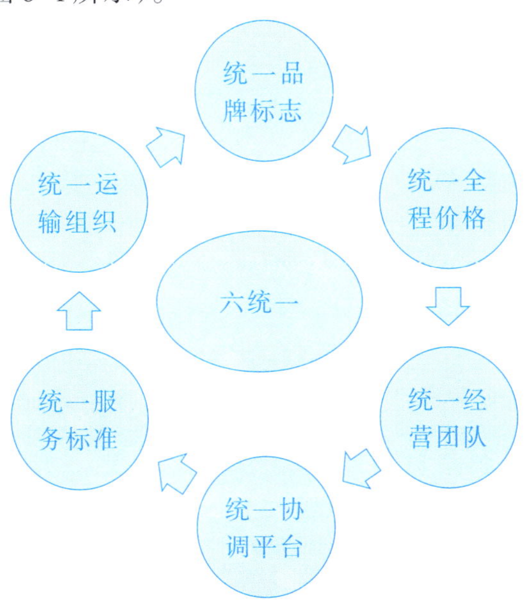

图6-1　海铁联运通道“六统一”原则

按照“一带一路”发展要求，大连港充分发挥海陆双向通道的优势，打通了太平洋西岸国家连接欧洲的国际物流大通道，全面降低企业的综合物流成本。自2011年开行以来，中欧班列累计开行数量已突破6 000列。截至2017年11月17日，2017年中欧班列开行数量已突破3 000列，创年度开行数量历史新高。目前，中欧班列已规划运行线57条，国内开行城市达35个，到达欧洲12个国家34个城市。大连港地处东北亚核心经济圈中心，对内是东北地区海陆联运中心，对外是东北亚国际航线的要冲，是与东北亚国家经贸往来和开放合作的重要枢纽，是我国“海上丝绸之路”与“中蒙俄”经济走廊建设有机结合、协同发展的最优选择，也是东北地区唯一纳入国家“一带一路”总体规划的港口。

操作方法

如图6-2所示，大连港将继续融入国家“一带一路”发展，进一步完善中欧过境班列服务网站，打造独具竞争力、吸引力的国际陆海联运大通道，为辽宁省优势产业和骨干产品“走出去”提供物流服务支撑，带动相关产业集聚，培育开放型经济新优势。第一，大连港将重点加强对俄罗斯进口木材、纸浆以及欧洲进口汽车配件、高端消费品等货源的开发力度，优化往返货源结构，减少空箱调运，降低综合运营成本。第二，大连港将继续研究自贸区利好政策，充分发挥航线服务网络优势，深入开发和拓展韩国、日本、东南亚以及我国东南沿海市场货源，加大中转货源开发力度，打造差异化中欧班列产品。第三，根据目前海关相关规定及业务模式限制，国内出口外贸货物最多允许两次转关操作，而中欧班列在业务拓展过程中需要三次转关，为了避免三次转关限制导致部分货源流失的现象，大连港将利用海关监管手段和大连多式联运海关监管中心的监管措施，推动解决该问题，并提升便利化水平。

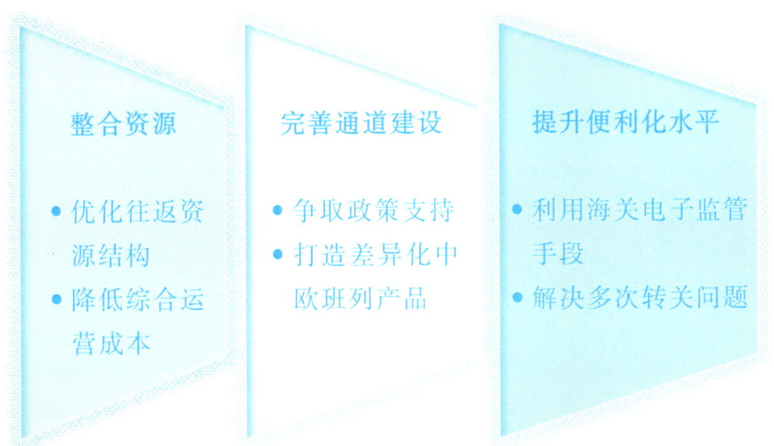

图6-2 辽宁中欧班列下一步工作思路

实施效果

大连充分发挥海陆双向通道优势，打通了辐射日韩、东南亚等太平洋西岸国家和地区连接欧洲的国际物流大通道，开通“大连—卡卢加”“大连—莫斯科”“大连—明斯克”“新西伯利亚—大连”“伊尔库茨克—大连”“大连—斯洛伐克”六条中欧班列精品线路，为三星电子、长城汽车、中航林业等重点企业提供高效、便捷、低成本的国际海铁联运服务，将韩国、日本和中国沿海主要港口城市的电子产品、机械配件和轻工业产品发往俄罗斯、意大利等欧洲国家，开启了太平洋西岸国家与中东欧贸易合作的新通道，为中国（辽宁）自由贸易试验区大连片区及东北老工业基地建设作出了积极的贡献。

依托着背靠日韩、面朝俄罗斯的地理优势，大连近年的中欧班列开行频次逐渐提高，货运量逐渐增多。服务辐射范围包括国内沿海城市以及日本、韩国等国家。

6.2 评估方法

如图6-3所示，海铁联运通道评估方法主要有以下两种：

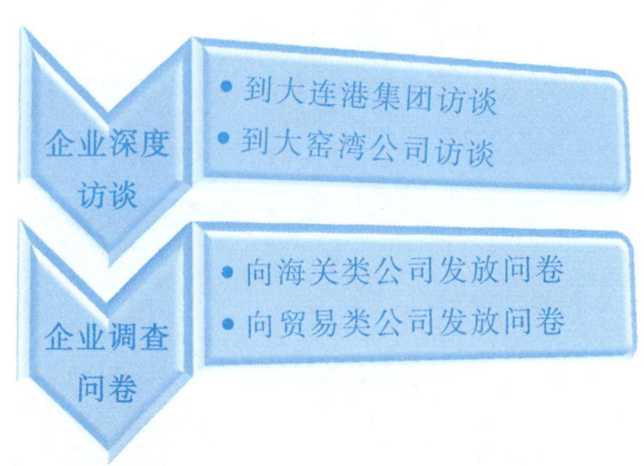

图6-3 海铁联运通道评估方法

◈ 深度访谈法。2017年11月，深入大连港集团和大窑湾公司进行访谈，并与部分企业代表进行座谈，获取了大连港集团中欧班列的相关信息和资料，具体包括操作方法、创新性、成效、风险、防控措施以及复制推广所需条件和难度等方面。

◈ 问卷调查法。2017年11月，采用电子问卷的调查方法对不同企业进行问卷调查，共回收有效问卷31份，有效问卷率达100%，调查项目涉及大连港国际海铁联运物流通道的有效性、创新性、贸易便利度等。

调查结果显示，样本企业对“大连港打造国际海铁联运物流大通道”这一创新案例了解程度较高，“很了解”“了解”“比较了解”的企业占87.10%，其中，“很了解”的企业占32.26%，“了解”的企业占48.39%，“比较了解”的企业占6.45%（如图6-4所示）。这说明该项创新措施感知度较高。从图6-5可以看出，大连港中欧班列感知度调查结果表明，“很了解”的企业占38.71%，“了解”的企业占45.16%，这说明调查问卷所涉及的企业对中欧班列的感知度也较高。

样本数据显示，参与问卷调查的企业有22家开展过“通过大连港中欧班列”的海外贸易，占70.97%，有93.55%的企业计划开展“通过大连港中欧班列”的海外贸易。在开展该项海外贸易的公司中，使用“大连—斯洛伐克”木材班列所占比例最大，达64.52%，其次是三星班列，占35.48%。“长城汽车班列”和“伊尔库茨克—大连”木材班列所占比例相同，都是16.13%（如图6-6所示）。

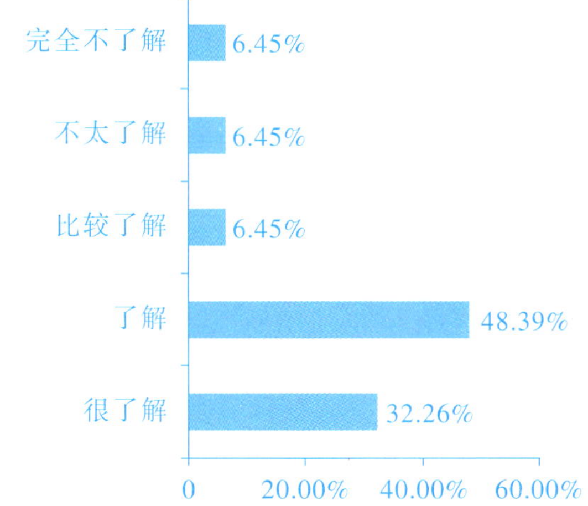

图6-4 海铁联运物流通道措施企业感知度调查结果

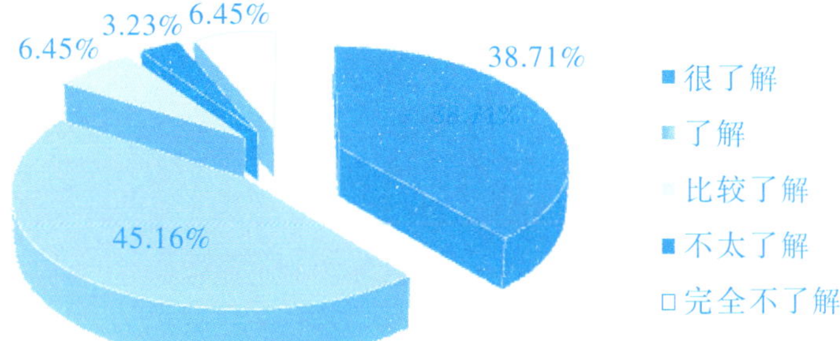

图6-5 大连港中欧班列感知度调查结果

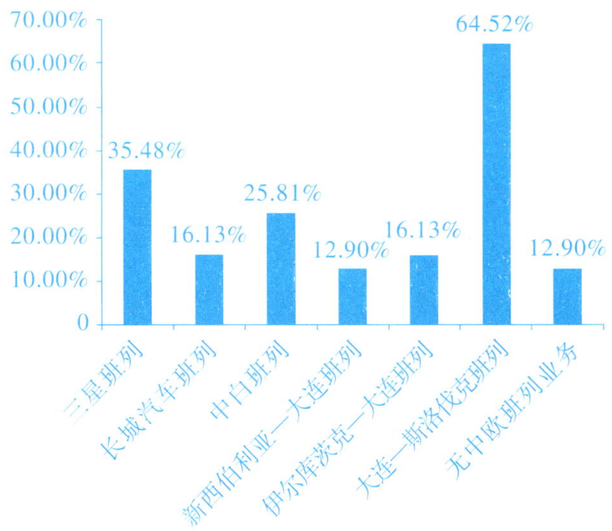

图6-6 开展海外贸易的中欧班列使用情况

6.3 创新性评估

◈ 制度创新

为助力“辽满欧”中欧国际货运班列扩量增效，大窑湾铁路中心创新推出了以“四个创新”（如图6-7所示）为中心的《大窑湾口岸中欧班列过境货物检疫监管方案》，凭借高水平的信息化手段和严密的风险防控措施实现了全国检验检疫系统“五个率先”（如图6-8所示），在有效保障国门安全的基础上，以最便捷、最顺畅的检疫监管模式助推“辽满欧”中欧班列效能提升。

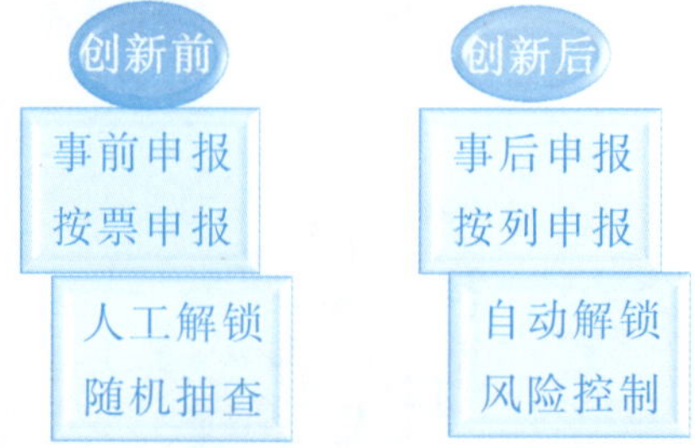

图6-7　大连港中欧班列的“四个创新”

率先设计开发专属电子系统	• 开创了“互联网+检验检疫”的过境货物检疫监管新模式
率先实现由微观检验检疫向宏观风险防控转变	• 与风险预警系统对接，与班列装运数据信息比对
率先实现全程无纸化监管	• 未被风险防控措施拦截的过境货物可以实现“即报即放”
率先实现进出境口岸一体化管理	• 依托专属电子系统，与出境口岸检验检疫机构共同监控
率先实现过境货物数据全掌握	• 设计统计功能模块，对过境货物数据进行汇总、分析

图6-8　助推大连港中欧班列效能提升的“五个率先”

◈ 线路创新

大连港拥有航线服务网络优势，开通六条中欧班列精品线路，尤其是新开通的“大连—斯洛伐克”欧洲班列，深入拓展韩国、日本、东南亚国家及我国东南沿海市场货源，加大国际过境中转货源开发力度，塑造大连港中欧班列服务品牌，为中国（辽宁）自由贸易试验区及东北老工业基地建设作出了积极的贡献。

◈ 区位优势

作为港口城市，大连在中欧班列上的发展正是得益于其发达的铁路、水运优势，使得其货源组织的辐射半径更为广阔，开启了太平洋西岸国家与中东欧贸易合作的新通道。借助大连“铁海联运”模式，韩国或日本企业可以比传统海运节约一半的时间到达欧洲。大连港因区位优势，于2016年1月开通某品牌转运班列，先已升级为“大连港—沃尔西诺”公共班列，平均每月10班。

6.4 创新成效评估

中国（辽宁）自由贸易试验区大连片区大窑湾局在全国推行“五个率先”等创新举措，节约企业交易成本，为“辽满欧”班列提速1～1.5个工作日，通关效率提升50%以上，实现口岸检验检疫“零消耗”“零等待”，实现全程无死角监管，助推“辽满欧”班列效能提升。

◈ 大连港过境箱量快速增长。2012—2016年，由大连始发的“辽满欧”班列货运增长了9倍；2016年，大连港完成过境箱量1.8万标准箱，比2015年增长106.3%；2017年1—10月累计完成2.7万标准箱，同比增长115%。成都、重庆依然是中欧班列开行线路、班次、货运量最高的城市。辽宁位于沿海地区，依托其海陆双向通道优势，或是未来热点区域。2017年1—9月部分中欧班列运行情况如图6-9所示。

◈ 企业满意度。根据调研反馈结果，样本企业对中欧班列带来的成效满意度较高，对于“大连港开行的中欧班列运行效率”这一问题，认为“很满意”的企业占41.94%，认为“满意”的企业占35.48%，

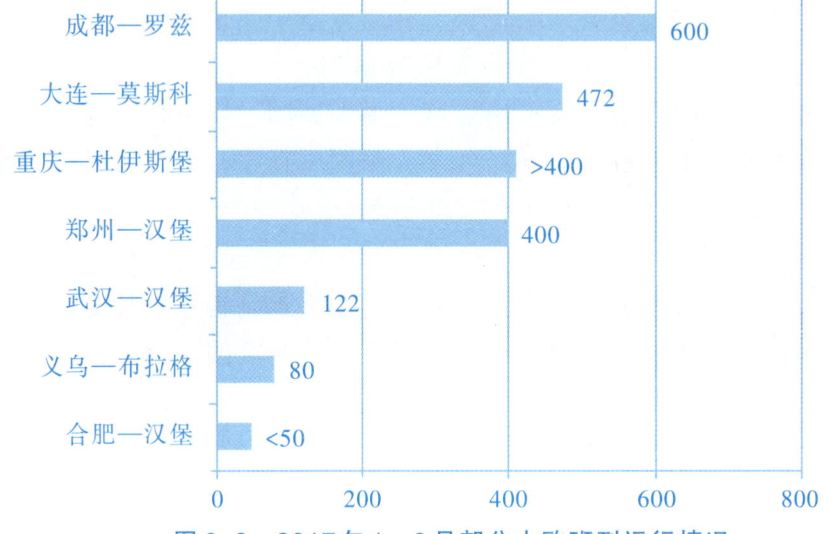

图6-9　2017年1—9月部分中欧班列运行情况

认为“比较满意”的企业占16.13%（如图6-10所示）。此外，样本数据显示，大连港开通中欧班列措施带来了较好的经济效应，有90.32%的企业认为该创新措施降低了公司的贸易成本，提高了运营效率（如图6-11所示）。

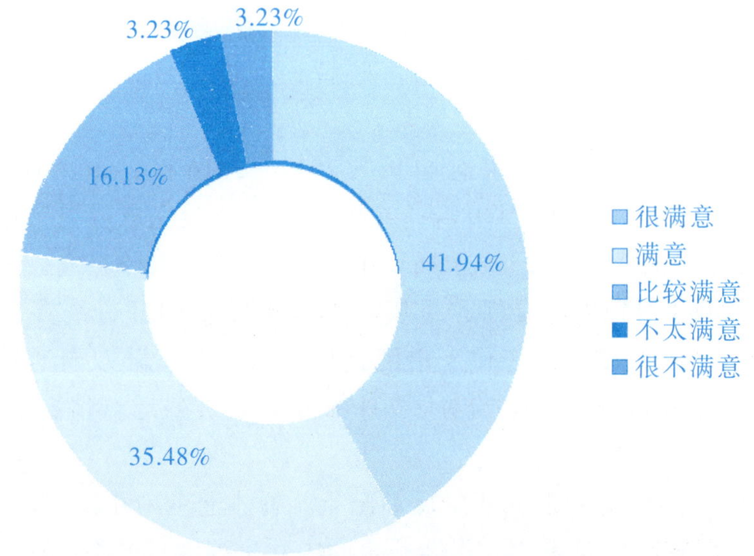

图6-10　中欧班列运行效率满意度

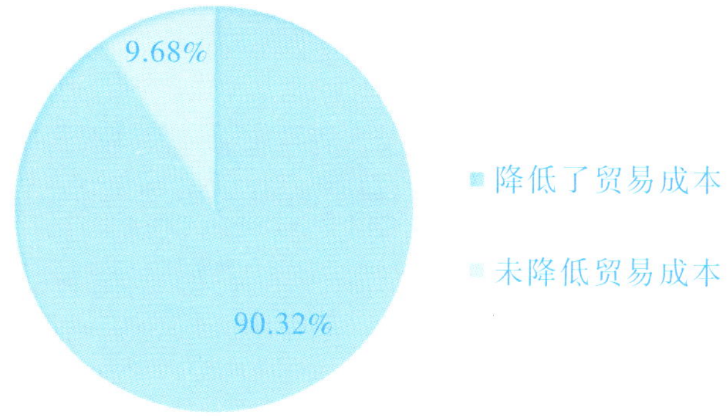

图 6-11 中欧班列的运行是否降低贸易成本

6.5 风险评估及防控措施

◇ 返程劣势风险及防控措施。从欧洲至中国的海运价格非常低，导致中欧班列在返程运费毫无优势，返程货物缺少。在做好去程班列货源开发的基础上，大连港可重点加强对回程货源的开发力度，进一步优化往返货源结构，减少空箱调运，降低综合运营成本。另外，可以争取重点航运企业的运价政策支持，降低大连港中欧班列运营成本，以稳定、快速、高效的过境班列产品吸引客户选择大连通道，形成自我造血能力。

◇ 口岸通关风险及防控措施。过境班列“多次转关”问题，导致部分货源流失。运用海关电子监管手段及大连多式联运海关监管中心的监管措施，不断推动解决无法三次转关的瓶颈问题。

6.6 复制推广评估

◇ 复制推广价值

大连港中欧班列通道的建设和完善，为辽宁省优势产业和骨干产品“走出去”提供了物流服务支撑，带动了相关产业集聚，培育了开放型经济新优势，具有一定的推广价值。

◇ 复制推广所需条件

复制推广需要具备港口、保税等相关条件。相关部门也应积极对接企业需求，提供灵活性、差异化保税服务。

7 创新案例七：大连集装箱码头有限公司混合所有制改革

7.1 案例概况

案例描述

大连港先后与中远海运集团、日本邮船株式会社、新加坡国家商务集团合作，成立三家专业化集装箱码头公司，打造出现代化、国际化的集装箱枢纽港，建成国际一流的集装箱码头，作业效率及服务质量得到了世界主要航运企业的高度认可，为大连东北亚国际航运中心建设发挥了重要作用。

随着全球航运企业联盟化，集装箱船舶大型化趋势不断加快，这种资源分散经营、服务标准较低、运营成本较高的经营模式，使三个码头“合三为一”显得势在必行，对港口企业经营管理不断提出新的要求。大连港顺应港口发展新趋势，积极推进港口企业改革，首开国内集装箱码头股权整合先例，率先启动集装箱码头股权整合，对原有的三个集装箱码头公司进行合并。2017年11月28日，“大连集装箱码头有限公司揭牌仪式”在辽宁大连举行，大连港三家集装箱码头公司正式“合三为一”，以“大连集装箱码头有限公司”（DCT）为主体开展各项生产经营业务，打造大连港集装箱产业的核心品牌，成为北方规模最大的专业集装箱码头之一。整合后的大连集装箱码头有限公司由大连港集团、新加坡港国家商务集团、中国远洋海运集团和日本邮船株式会社四大港航企业共同出资组建，总投资101.9亿元人民币，注册资本34.8亿元人民币。

大连港口股权整合如图7-1所示。

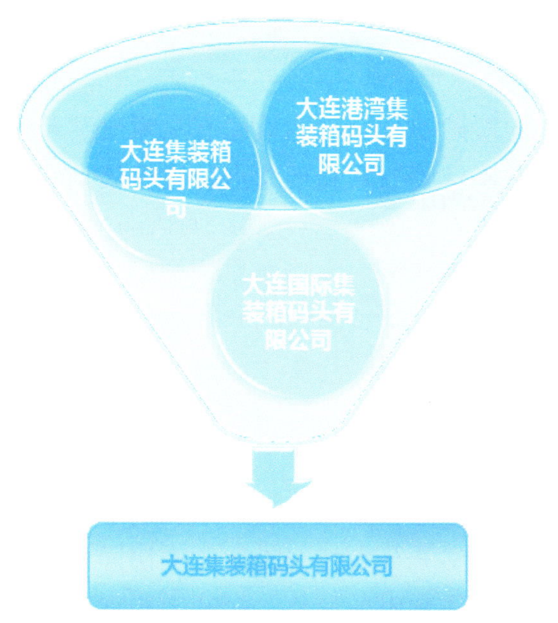

图 7-1　大连港口股权整合

合并后新公司注册资本比重如图 7-2 所示。

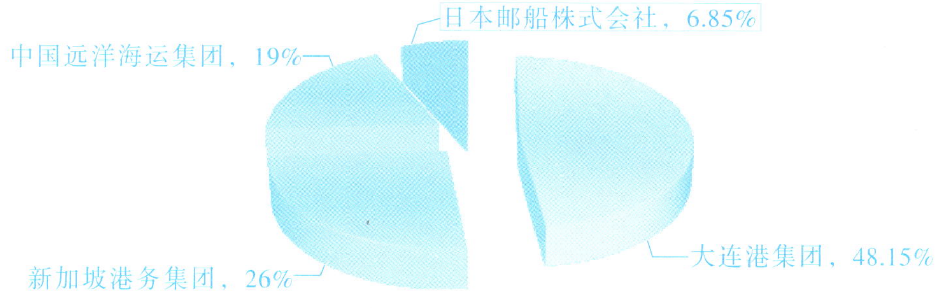

图 7-2　合并后新公司注册资本比重

主要做法

大连港将按照市委和市政府加快推进大连东北亚国际航运中心建设的工作要求，以“创新、协调、绿色、开放、共享”的新发展理念为指导，以集装箱码头公司的整合为新的起点，借助“一带一路”倡议和辽宁自贸区等国家战略，全力构建质量高、效益好、枢纽作用强，同时集绿色安全、高效便捷、集约发展为一体的现代港口服务体系，努力实现“提质增效，转型升级”发展。

◈ 通过规模运作、集中经营，助力自贸区建设快速发展

在股权整合的基础上，大连港对原有三家集装箱码头的资产、人力资源、管理流程、经营方式和理念进行整体规划和设计，推动其由粗放式发展向精细化发展转变，最大化地提高运营效率，满足超大型集装箱船舶的综合服务需求。大连港集装箱码头现如今已经被划入大连自贸试验区，是大连自贸试验区构建开放性经济发展局面，推进东北亚重要国际航运中心、国际物流中心、区域性金融中心、国际贸易中心和“两先区”建设的重要海运枢纽。

◈ 通过流程优化、服务统一，最大化地满足客户需求

大连港大窑湾通过港口股权整合方式，实现对集装箱码头资源的统一管理和运营，能够充分发挥规模效应和协同效应，大幅度提升运营效率，以崭新的操作和服务形象，打造大连港集装箱产业的核心品牌，进而满足全球主要航运联盟和超大型集装箱船舶的综合服务需求。对构建大连对外开放新格局具有重要的意义。

大连港股权整合相关建设如图7-3所示。

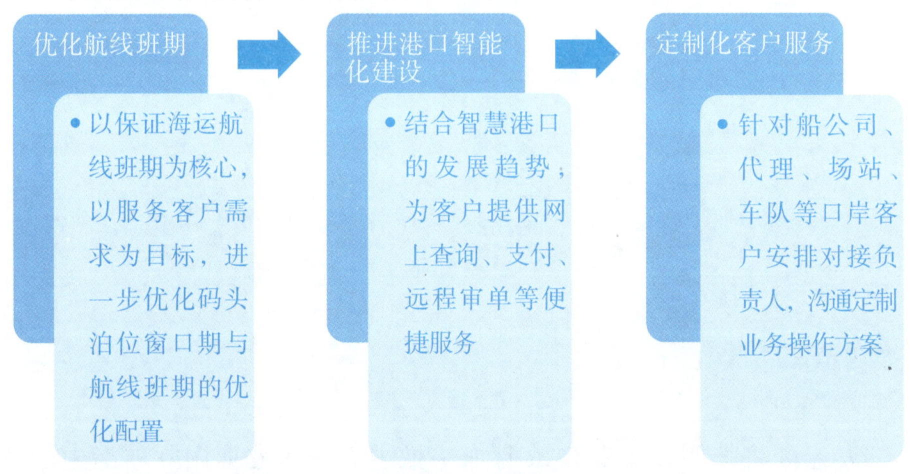

图7-3　大连港股权整合相关建设

◈ 通过资源整合、降本增效，实现股东利益最大化

新码头公司吸收合并另外两个集装箱码头公司的全部资产和业务，将对大窑湾南岸集装箱码头资源进行统筹管理和优化布局，有效

降低运营成本，提高资源利用率，避免重复投入。同时，在最大限度上提高股东收益率，降低人工成本，优化人员结构，实现操作安全和技术团队精炼的人员配置，进而提升码头效益。

实施效果

整合后的大连集装箱码头有限公司整体吸收合并其他公司的全部资产、负债、所有者权益及业务，对大窑湾南岸集装箱码头资源实施统一管理和运营，同时实现全域操作系统的统一，利用信息化手段对集装箱码头的生产计划和作业信息进行采集、加工、共享、应用和管理。整合后的岸线总长度为5 759米，最大水深17.8米，顺岸布置18个专业集装箱泊位（目前14个已投入使用），其中可挂靠20万吨级集装箱船舶的深水泊位5个；拥有集装箱岸桥35台，堆场面积293.5万平方米，成为中国北方规模最大的专业集装箱码头之一，肩负起口岸超大型集装箱船舶靠泊接卸使命，码头硬件实力优势明显。

7.2 评估方法

大连港股权整合评估方法如图7-4所示。

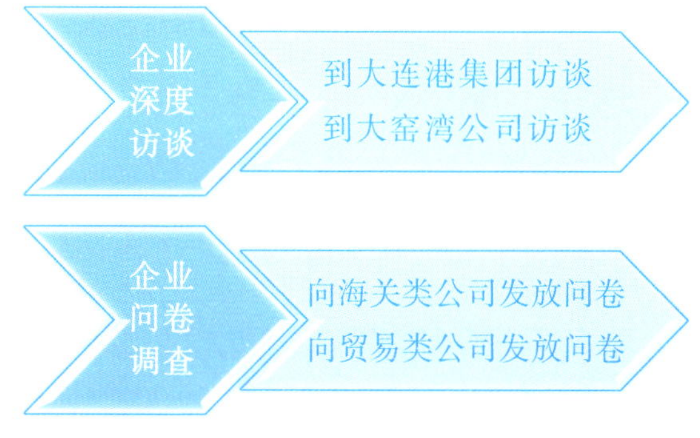

图7-4 大连港股权整合评估方法

◇ 访谈时间

2017年11月，深入大连港集团和大窑湾公司进行访谈，并与部分企业代表进行访谈，获取了大连港股权整合的相关信息和资料，具体包括操作方法、创新、成效、风险、防控措施以及复制推广所需条件和难度等方面。

◈ 企业问卷调查样本描述

2017年11月，对不同主导业务的企业进行问卷调查，采用纸质问卷调查与电子问卷调查相结合的方法，共计发放问卷30份，剔除无效问卷，回收有效问卷23份，对大连港集装箱码头公司股权整合的有效性、创新性、贸易便利度等方面进行调查。

根据样本调查数据显示，“大连港股权整合”创新措施企业感知度普遍较高。很了解、了解以及比较了解该项创新措施的企业共占比60.87%，其中，很了解的企业占比21.74%，了解的企业占比26.09%，如图7-5所示。此外，开展过大连港的集装箱贸易业务的企业较多，占总样本的73.91%，其中，企业开展该业务10年以上的占比过半，为56.52%，其次是开展业务5~10年的，占比21.74%，如图7-6所示。

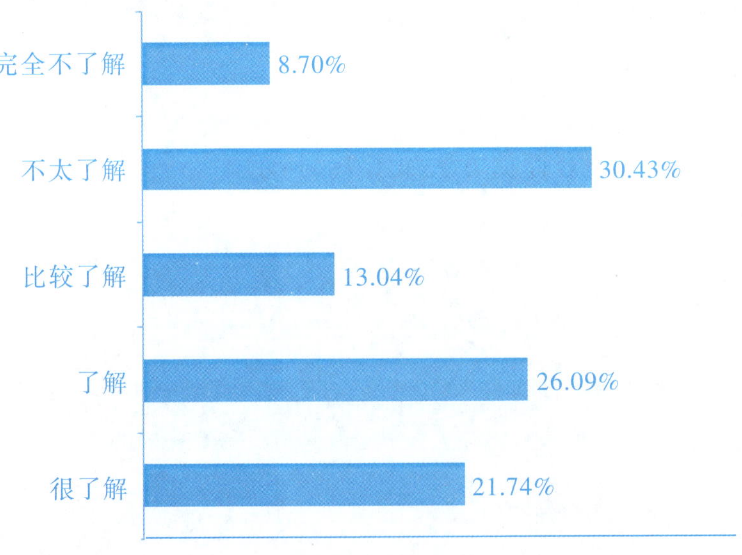

图7-5 大连港股权整合措施企业感知度

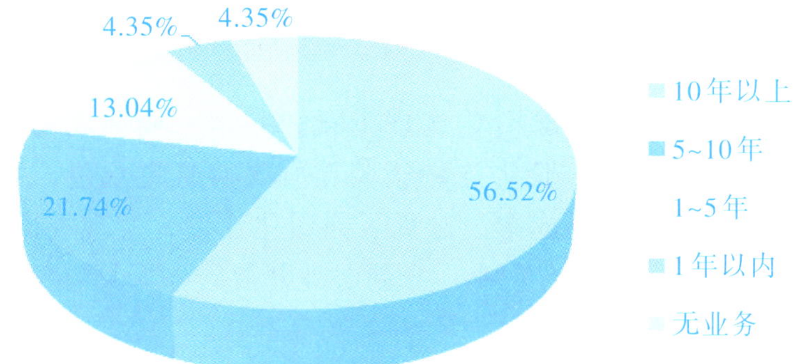

图7-6 企业开展大连港集装箱贸易业务时间

7.3 创新性评估

此前的码头整合多限于业务层面，不涉及股权变更。而新的股权架构意味着至少其内部可以站在统一战线了，这有助于大连港避免内耗，更好地参与区域间竞争。大连港股权整合采用专家评价法这一国内领先做法，选取了是否是国内领先做法、对原有做法改进程度、功能性增强、改变原有流程、更好地满足企业要求为指标，设定1~5的分值表示从非常不同意向非常同意依次渐进，邀请了5位专家按照实际情况打分，取平均分为最终的专家评价分值。从专家打分情况来看，大连港股权整合具有显著的创新性，为企业节省了时间成本和操作成本，提高了运营效率和作业效率，为客户提供了更优质的服务，更好地满足了企业的需求。

大连港股权整合创新前后对比见表7-1。

表7-1 大连港股权整合创新前后对比

	股权整合创新前	股权整合创新后
码头公司	三家独立的码头公司，业务具有互补性	合并为一家公司，新公司整体吸收合并其他资产、负债、所有者权益及业务
发展模式	粗放式发展	精细化发展
运营效率	分散管理和运营，效率低下	统一管理和运营，最大化提升运营效率
资源管理	分散管理	统一管理

7.4 创新成效评估

集装箱码头股权的整合，实现了资源共享、业务优化、服务提升、整合效益的效果，使大连港集装箱码头监管更规范，协作更高效，有效地降低了运营成本，避免了同质化建设，实现规模化经营，对做强、做优、做大国有企业，开创对外开放新格局具有重要而深远的意义。

大连港集装箱码头股权整合创新成效如图 7-7 所示。

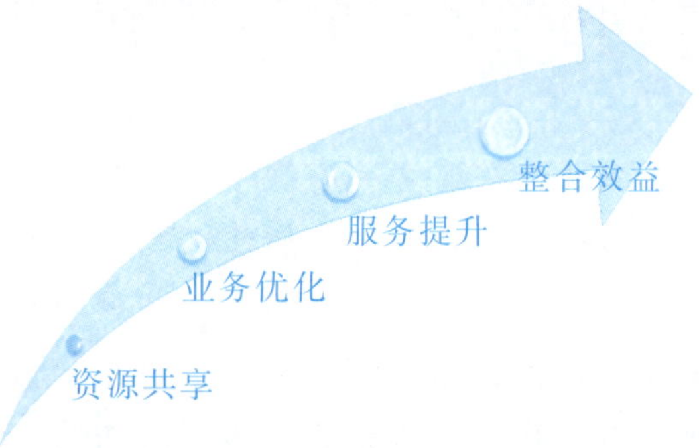

图 7-7 大连港集装箱码头股权整合创新成效

◈ 资源共享

堆场集约共享，实现对口案海关、检验查验等功能区域的统筹管理和优化布局；大连港大窑湾南岸集装箱码头资源将实现统一管理和运营，能够最大化地提升运营效率，充分发挥规模效应和协同效应。

◈ 业务优化

泊位灵活利用，对部分闲置设备可进行转移、封存或出售；优化中转操作，有效降低跨港区搬移，便于拖车重去重回等业务模式的开展；更好地满足超大型集装箱船舶的综合服务需求，对加快实现港口发展新旧动能转换、做强做优港口主业、构建大连市对外开放新格局具有重要意义。

◈ 服务提升

操作服务指标提升，可灵活调整航线挂靠，船舶即到即靠率提高 10%；统筹协调码头资源，满足客户的个性化需求及对联盟超大船舶作业的保障。

◇整合效益

通过整合后优化资源配置，盘活资产增加收益以及节约各项成本费用，直接经济效益将提升5%以上。

根据调研反馈结果，样本企业对“股权整合”带来的成效满意度较高。对于“大连港股权整合前后贸易效率是否有所提高”这一问题，有65.22%的企业认为有显著提高，26.09%的企业认为有微弱提高，如图7-8所示。对于“大连港股权整合前后是否降低了公司贸易成本”问题，69.57%的企业认为有显著降低，17.39%的企业认为有微弱降低，如图7-9所示。

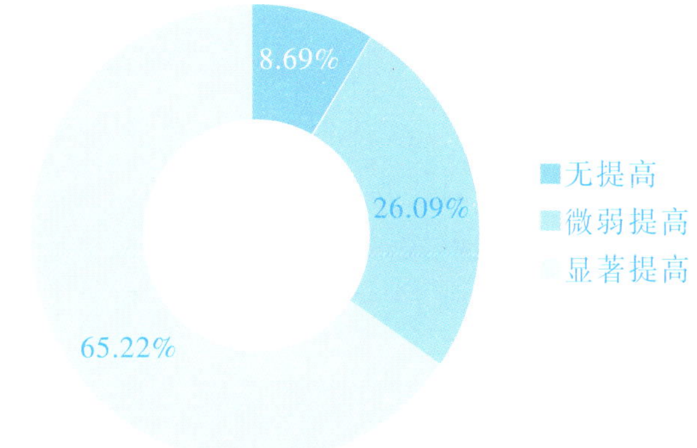

图7-8 大连港股权整合前后贸易效率变化

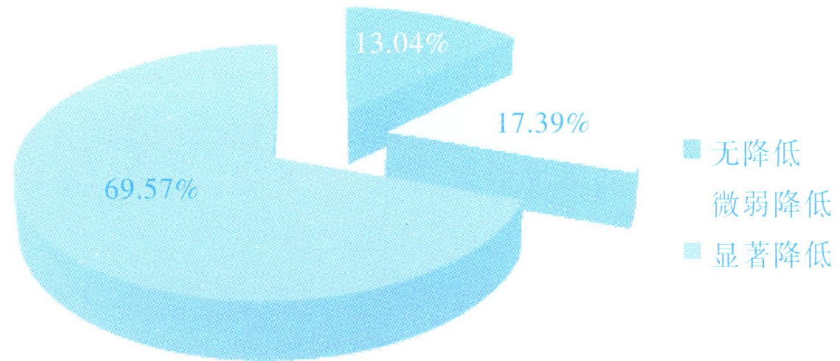

图7-9 大连港股权整合前后公司贸易成本变化

7.5 风险评估及防控措施

大连港股权整合“股权整合”主要集中在大连港集装箱码头公司管理层面，目前尚未发现明确风险，但对相关部门政策的把握度和操作的规范性上有较高要求。

7.6 复制推广评估

◈ 复制推广价值

大连港“股权整合”措施较好地对接了企业需求，提高了船舶保班率、作业效率，节省了企业成本，为世界各地客户提供了更加优质的服务，具有一定复制推广价值。

◈ 复制推广所需要的条件

大连港首开国内港口股权整合先例，得到政府和企业的高度认可，其复制推广需要具备港口、保税等相关条件。大连港的“股权整合”措施提供了可供参照的模式，海南、珠海、福建等地港口在原来区域性和业务板块整合的基础上，存在进一步升级整合的可能。

8 创新案例八：大连港走出去收购国外股权

8.1 案例概况

案例描述

吉布提位于非洲亚丁湾西岸，扼红海入印度洋的要冲曼德海峡，东南同索马里接壤，北与厄立特里亚为邻，西部、西南及南部与埃塞俄比亚比毗，辐射东非、中东和红海地区。它是“海上丝绸之路”重要的站点，也是连接亚、欧、非三个市场的节点。吉布提港口区位优势明显，航道繁忙、船舶众多，未来收益较高。为响应国家“一带一路”倡议，使吉布提在中国“一带一路”倡议中成为非洲的入口（即“一带一路”经由海上的吉布提港口，延伸进入非洲大陆）。同时落实大连市委、市政府有关新一轮对外开放的总体要求，大连港集团在努力推进大连东北亚国际航运中心和国际物流建设中心的同时，积极走出去。在投资吉布提国际自贸区的同时，大连港集团积极参与吉布提港口领域的合资合作。现拟收购吉布提与中国招商局合作建设的新的多哈雷多功能码头（DMP）的10%股权，与后方的自贸区形成“区港联动”之势，带动整体收益向上攀升。吉布提港口地理区位如图8-1所示。

图 8-1 吉布提港口地理区位

创新亮点

（1）吉布提自贸区

2016年11月14日在吉布提总理的见证下，招商局牵头的中方联合体与吉布提港口及自贸区管理局签署项目投资协议，预计耗资5.9亿美元。自贸区规划面积约48.2平方千米，首发区面积2.4平方千米，包含商贸物流区和出口加工区以及商务配套区。其中商贸物流区主要开展保税仓储物流、区域商品集散等业务，出口加工区主要承接中国转移的劳动密集型加工业。

吉布提自贸区践行“一带一路”倡议的重要项目，将建设硬环境（包括港口、临港园区及公路、商业服务设施等）和软环境（包括通关、结算、支付以及大数据等服务），借鉴蛇口的开发经验，探讨“前港、中区、后城”的综合开发模式（“前港”为新建或新升级港口，“中区”为出口加工区、自由贸易区、保税仓库等，“后城”为住宅和商业区），实现了航、港、产、城联动，以港口带动产业园、物流、海工、金融等业务“走出去”，为中国的产品、产业、服务“走出去”搭建平台，并提供全方位支持和服务。

（2）吉布提多哈雷多功能码头10%股权的购买

吉布提港口处在全球最繁忙的航道上，素有“石油通道上的哨兵”之称。因面对红海南大门的曼德海峡，地处欧、亚、非三大洲的交通要冲，扼守红海入印度洋的咽喉，凡是北上穿过苏伊士运河开往欧洲或由红海南下印度洋绕道好望角（或马六甲海峡）的船只，都需要在吉布提港口加油、采购、休整，来往船舶日均90余艘。老港陈旧的港口设施无法满足日益增长的作业需求（滞港时间最长达87天）。2014年8月起，吉方开始与招商局港口合作建设多哈雷多功能码头，多哈雷多功能港口（一期）的顺利开港，将为中资企业拓展非洲内陆市场提供重要交通落脚点，也将助推中吉双方的经济发展，实现双赢。大连港集团拟成为DMP的股东，收购其10%股权。打造“商贸物流园+出口加工区+港口+CBD”的综合服务环境，集团将实现主动抢占海外稀缺资源，寻求合作机会，提升整体效益。

大连港集团吉布提股权收购创新亮点如图8-2所示。

图8-2　大连港集团吉布提股权收购创新亮点

简要效果

多哈雷多功能港口（一期）工程岸线总长2 700米，水域陆域总面积7.9万平方千米，是中国迄今为止在东北非地区承接的最大规模的港口项目，也是中国建筑目前在海外的最大水工项目，合同金额为

4.217亿美元。项目于2014年8月正式开工，港口设计吞吐能力为708万吨/年及20万标准箱，码头岸线总长1 375米，拥有7个10万吨级泊位。施工内容包括1 200米长沉箱基础深水主码头及175米东侧工作船码头、90万平方米道路堆场、约8万平方米建筑物及其他配套设施。大连港集团承建的后方自贸区将为吉布提创造多达1.5万个直接或间接就业岗位。吉布提港口与自贸区管理局将通过与中国招商局集团的合资机构（招商局集团、大连港集团和亿赞普集团）来经营。预计自贸区在未来两年将处理约70亿美元的物流贸易。

8.2 评估方法

大连港集团收购DMP股份的评估方法如图8-3所示。

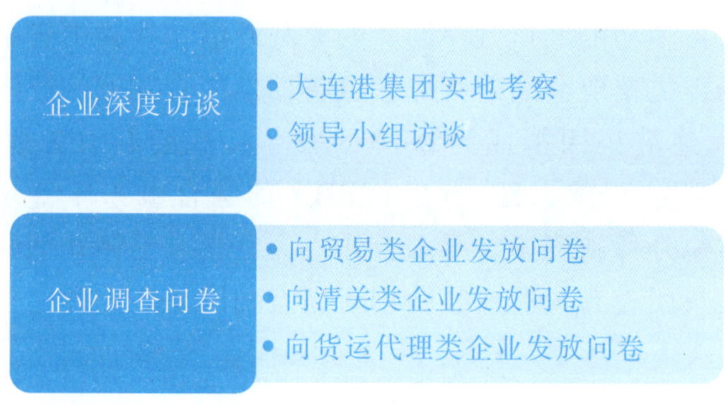

图8-3 大连港集团收购DMP股份的评估方法

◈ 访谈时间

2017年11月，深入大连港集团与企业代表进行访谈，获取了大连港集团吉布提港口股权收购的相关信息和资料，具体包括操作方法、创新、成效、风险、防控措施以及复制推广所需条件和难度等方面。

◈ 问卷调查样本描述

2017年11月，对不同主导业务的企业进行问卷调查，采用电子问卷调查的方法，共计发放问卷43份，剔除无效问卷，回收有效问卷43份，对大连港集团收购DMP股份的有效性、创新性、贸易便利度等方面进行调查。

在获取的样本中，民营企业占比46.51%，外资企业占比6.98%，国有企业占比41.86%，港澳企业占比4.65%，如图8-4所示。样本企业类别多元，民营企业占比较大，说明民营企业在大连片区活跃度较高。以主导行业划分，服务业、电子通信设备制造业、纺织服装行业占比相对较高，如图8-5所示。

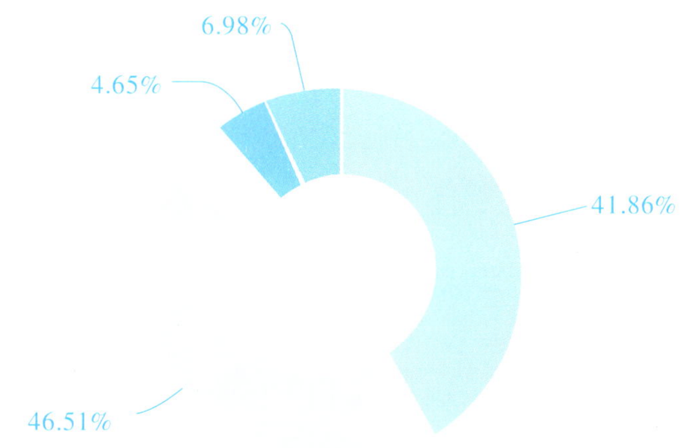

图8-4 吉布提港口问卷调查企业类型描述（按企业性质划分）

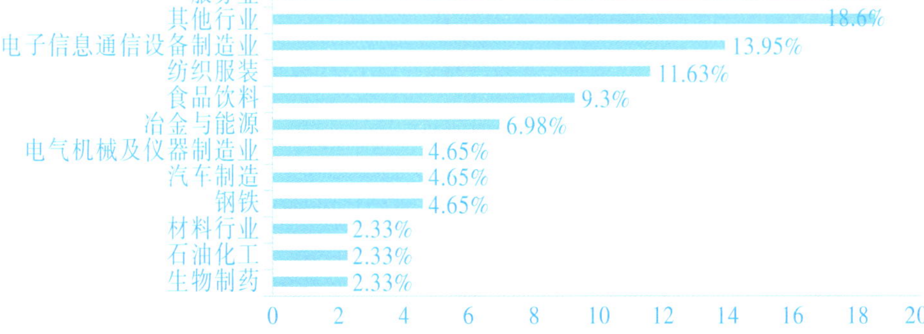

图8-5 吉布提港口问卷调查企业类型描述（按主导行业划分）

8.3 创新性评估

大连港集团在收购后方国际自贸区的基础上，可实现“港区联动”之势，与制度创新前相比，具有明显制度优势，见表8-1。

表8-1 DMP项目创新前后对比

	制度创新前	制度创新后
模式	◇“港区分离” ◇ 缺点：港口经营管理权限和港口建设话语权不足	◇ 收购股权，“港区联动” ◇ 优点：拓展港区功能，实现口岸增值，主动聚揽资源，提升整体效益
操作方法	◇ 港口与自贸区整体协同不足，政策与区位优势结合不足 ◇ 缺点：交易框架模糊，增加管理运营成本，阻碍贸易发展	◇ 完成财务尽调和法律尽调，委派董事和高管人员 ◇ 优点：政策叠加、优势互补、资源整合、功能集成

8.4 创新成效评估

吉布提国际自由贸易区项目是推广中非合作的示范性项目，由吉布提政府、招商局集团、大连港集团、亿赞普集团共同合作开发。将重点打造物流、商贸、加工制造、商务配套服务为主导的四大产业集群。入驻企业将享受通关、签证、建立公司、法律税务、培训、金融等方面的一站式服务。大连港集团与吉布提自贸区项目股东方在吉布提总统府，签署了吉布提国际自由贸易区项目两家公司的股东协议，一家公司为资产公司——高兰巴多有限公司，一家公司为运营公司——国际吉布提工业区运营有限公司，标志着吉布提国际自贸区项目正式运作，大连港海外业务步入正式建设和运营阶段。

自贸区规划面积48平方千米，一期占地6平方千米，其中2.4平方千米的起步区已正式施工建设，2017年下半年首批仓库、场地具备运营条件，部分入园企业投产。自由贸易区将融聚各股东的优势资源，发展商贸物流、出口加工等产业，助力吉布提经济发展；并通过引进金融、大数据、贸易便利化及培训服务等，提升吉布提软环境，为中非产能合作打造高质量推广发展平台，为中方企业进驻非洲市场提供后盾。

吉布提内陆邻国埃塞俄比亚（9 900万人口）约95%的对外贸易需通过吉布提港口处理。吉布提不仅是埃塞俄比亚的门户，而且能够辐射非洲内陆10国和东南非共同市场成员国近5亿人口的市场，政治经济战略地位极其重要。吉布提将与中方联合打造“丝路驿站”——服务于“一带一路”沿线国家和地区的综合服务平台体系，包括商品交易中心、保税出口加工区、跨境支付、清算与金融服务设施及电子清关服务系统。未来5年，吉布提自贸区在港口和海运相关领域投资或达143亿美元。港口的经贸活动有望占吉布提GDP的70%以上。

为推动DMP项目持续发展，大连港集团已与吉方就股权收购进行多轮沟通协商。目前交易框架基本确定，财务尽调和法律尽调已经初步完成，股权购买协议与股东协议初稿已起草完毕，正与吉方沟通确认相关的商务安排和法律条款。但该创新仍在进展中，具体经济效益尚未实质显现。

对企业所进行的海外贸易调查结果显示，现有海外贸易线路经过吉布提港的企业占比67.44%，暂时无此线路的企业占比32.56%，该项措施的企业参与度高，如图8-6所示。

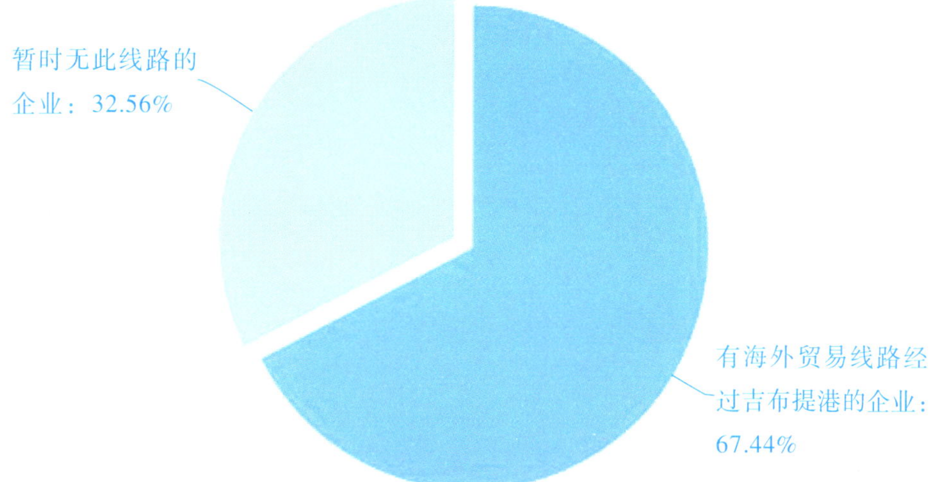

图8-6 对吉布提港口实施效果调查结果

对企业是否计划开展与吉布提港口相关的海外业务的调查结果显示，在接受问卷调查的43家企业中，有29家企业表示有此计划，有14家企业暂无此计划，如图8-7（a）所示。而开展与吉布提港相关的海外贸易时间，1~5年期的企业占比58.62%，比例最高，如图8-7（b）所示。

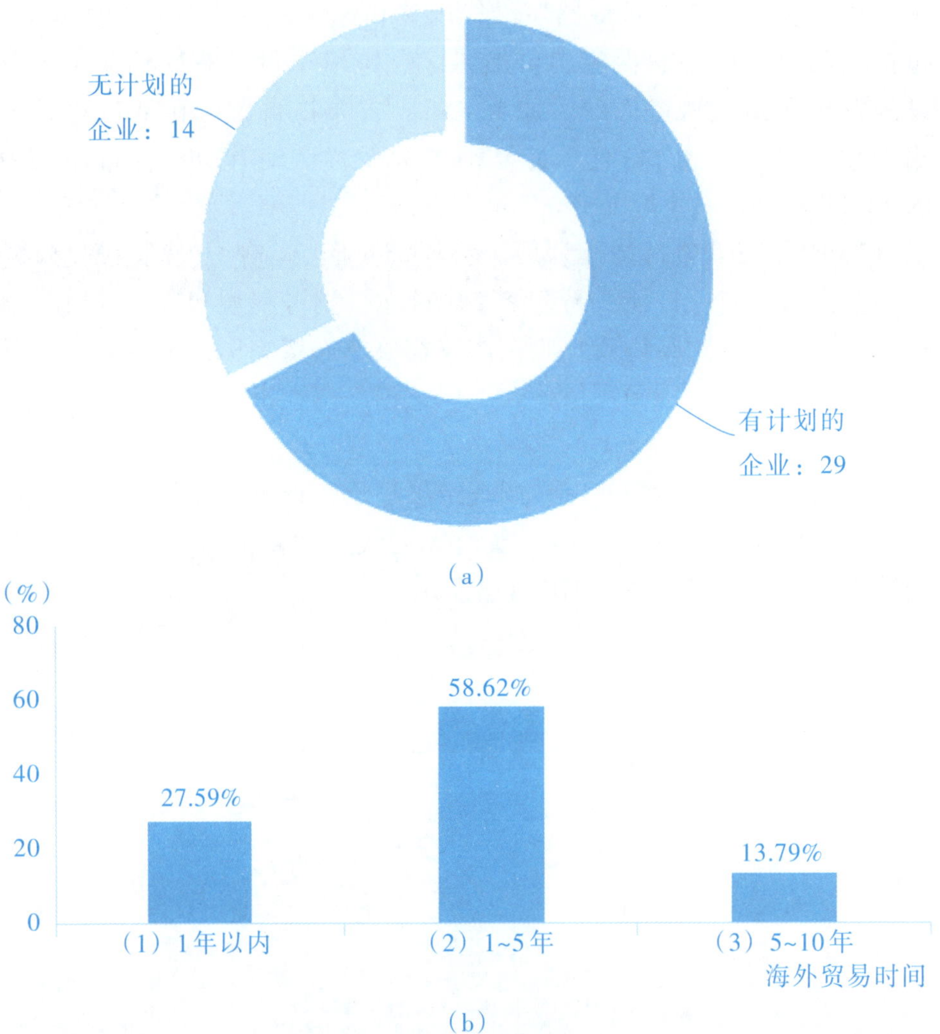

图8-7 对开展与吉布提港口相关的海外业务调查结果

接受调查的公司79.31%认为“大连港收购吉布提多哈雷多功能码头部分股权”会提高海外贸易通关效率，仅有20.69%的企业认为暂时不确定或不认为效率会提高，如图8-8所示。总体来看，该政策效应显著。

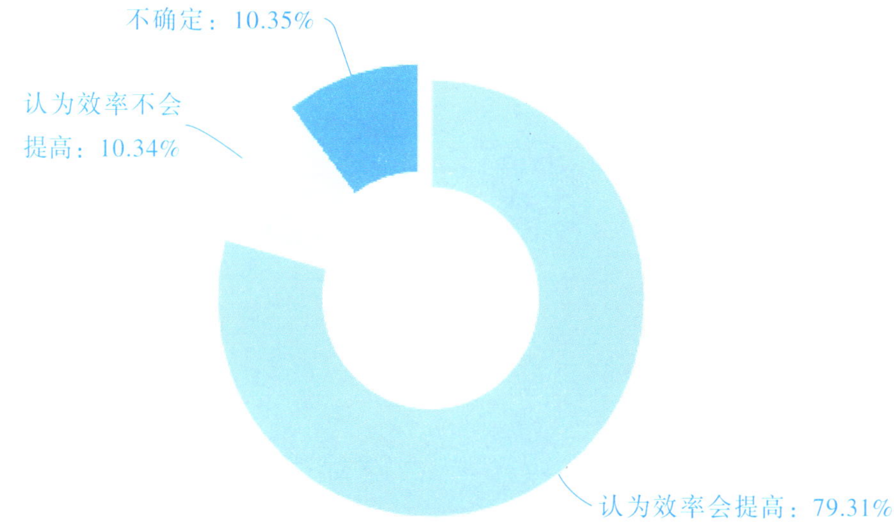

图 8-8 吉布提股权收购是否影响通关效率的调查结果

有 72.41% 的公司认为“大连港收购吉布提多哈雷多功能码头部分股权”会扩大贵公司的海外贸易范围和货物种类，如图 8-9 所示。

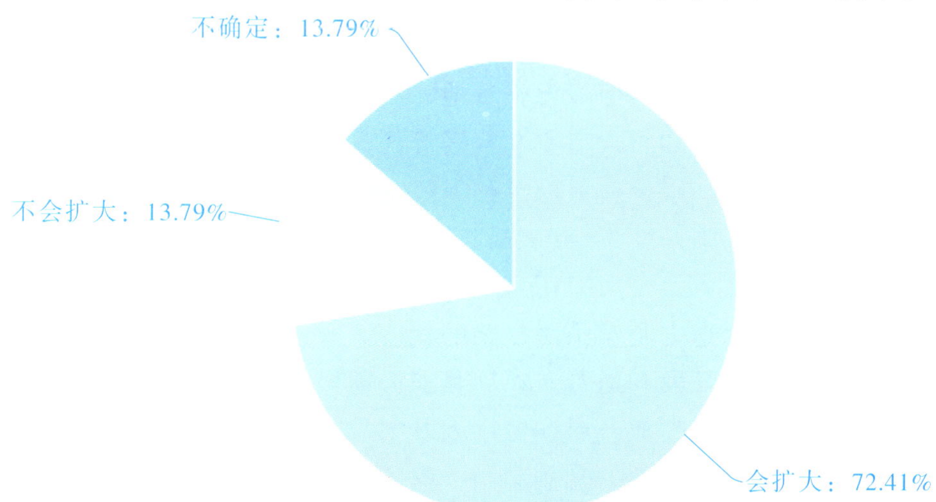

图 8-9 吉布提股权收购是否扩大贸易范围和种类的调查结果

对目前吉布提港的货物通关时间是否满意的调查结果显示：6.9% 的企业很满意；17.24% 的企业表示满意；58.62% 的企业表示比较满意。仅有 17.24 的企业认为暂时未达到其满意期许，如图 8-10 所示。表明该项目满足了大部分企业的诉求，效果应良好。

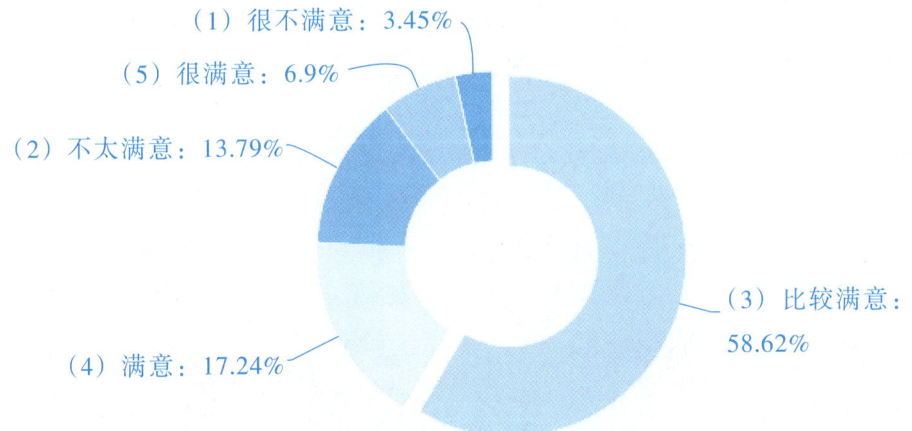

图 8-10 对吉布提港的货物通关时间的满意度调查结果

8.5 风险评估及防控措施

◈ 海外经营环境风险及防控措施

经济繁荣需要地区的稳定和安全。吉布提拥有良好的战略位置和鲜明的区位优势，但亚丁湾、索马里海域海盗犯罪猖獗。中国已在吉布提修建海军后勤补给保障设施基地，用于中国军队执行亚丁湾和索马里海域护航、维和、人道主义救援等任务的休整、补给和保障。并在保护航线安全、维护地区稳定和保障中方海外从业人员的安全上发挥重要作用。军事基地不会影响到港口的商业活动。

◈ 协调沟通风险及防控措施

官方态度和地方利益集团复杂的社会关系，在宏观和微观层面上影响港口项目的开发和运营。在项目前期需保持与吉布提政府的积极沟通，明确土地开发权、岸线使用权及财税方面的优惠政策。在非官方层面，也需要与当地的利益集团、财团等建立合作机制，确保项目稳定运行。

8.6 复制推广评估

◈ 复制推广价值

大连港集团参与吉布提多功能码头建设，收购其10%股权。自此集团可锻炼国际化队伍，搭建输出管理平台，为汽车贸易、信息化、工程规划、建设监理等领域找寻海外合作机遇，并进一步实现“港区联动”的长远战略。

◇复制推广所需条件

复制推广需要具备港口，后方自贸区等相关条件。并借助“一带一路”倡议和其他政策红利来促进贸易和企业发展、吸引投资。

9　创新案例九：企业税务简易注销程序

9.1　案例概况

注销税务登记是市场主体消亡前必须办理的最后一个税收事项，大连市国税局与地税局紧密合作，联合制定注销清税管理规程，构建国地税“集中受理、内部流转、联合调查”的便利化注销新模式，明晰办税事项，简化受理流程、统一核准标准，扩大简易注销范围，多措并举压缩办理时长，提速办税，方便市场主体快速退出，助力营商环境建设。

9.2　评估方法

（1）政府部门访谈

2017年12月，多次重点对大连市国税局、地税局等部门进行访谈，深入了解推出“企业税务简易注销”的背景、目标及操作细则，从宏观层面了解落实效果，并收集相关资料和案例素材。

（2）企业深度访谈

通过深度访谈利用税务简易注销方式的代表性企业，听取企业对“税务简易注销”的影响度和满意度，以及企业对该措施进一步提升的建议，从市场发展需要的角度对创新措施的落地性进行评估。

（3）专家评价法

邀请税务、行政管理和企业管理领域的专家，对“税务简易注销”的创新性和推广难易度进行打分评价。

（4）企业问卷调查

综合考虑行业属性、企业类型等因素，选取具有代表性的企业发放问卷，调查企业对“出口退税综合服务平台”的使用感知及其效用，并了解在该领域未来的需求方向。

通过纸质和电子问卷两种方式，共回收139份。针对回收的问卷，根据三个标准进行筛选，剔除无效问卷：一是问卷中有缺漏项，影响数据分析的有效性；二是答卷者没有认真填答问卷，例如所有条目都圈选同一分值；三是答卷者在答卷时选择的分值有矛盾现象，如同一内容题项，前后选择分值相差太大。根据以上三个标准，本研究从139份问卷中筛选出109份有效问卷，有效问卷率78%。

从企业类型看，民营企业占到样本量的82.57%，外资企业（不含港澳企业）占10.09%，二者构成了样本的主体部分；另有国有企业和港澳企业，分别占6.42%和0.92%，体现样本企业类型的多样性，如图9-1所示。

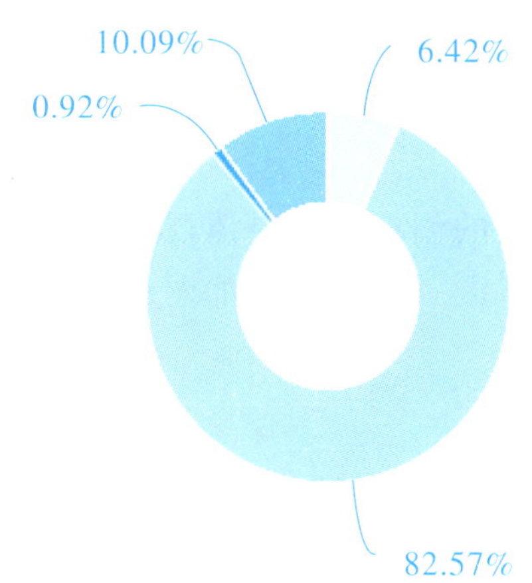

图9-1 样本企业类型

从企业属性来看，有限责任公司占总样本量的67.89%，成为调研样本的主要构成部分；另有独资企业、股份有限公司、有限合伙企业和普通合伙企业，表明样本结构合理，如图9-2所示。

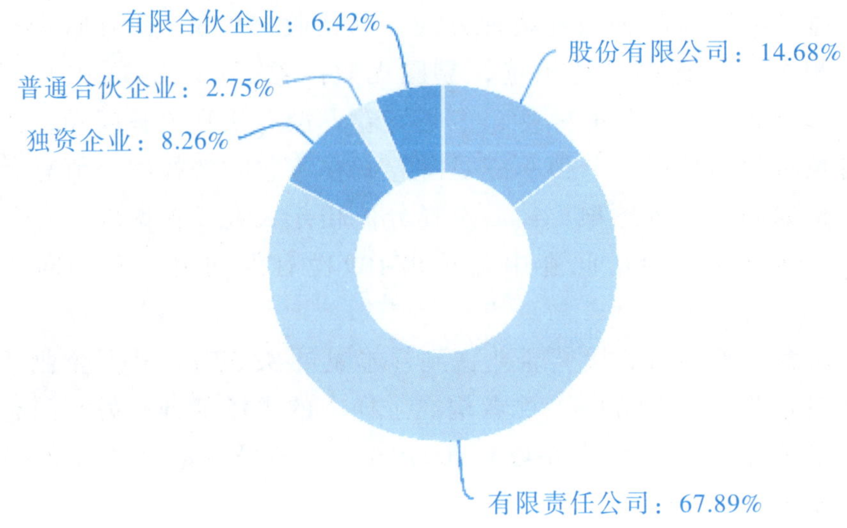

图9-2　样本企业属性

9.3　创新性评估

企业税务简易注销程序的创新点主要体现在简化受理流程、统一核准标准、扩大简易处理范围三个方面，如图9-3所示。

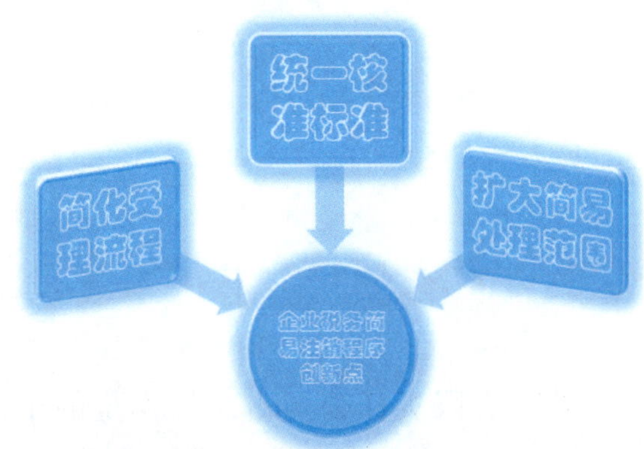

图9-3　企业税务简易注销程序创新点

（1）简化受理流程

大连国地税利用国地税办税服务厅共驻共建的优势，推出了“一方受理，共享共用”的办税新模式，“进一家门，办两家事”，即纳税人办理注销登记业务时统一向国税提出申请，国税机关受理后一次性告知纳税人需办理的全部涉税事项，通过金税三期系统向地税主管机关推送待办业。待国税地税办结注销登记核实确认相关事宜后，再统一由国税机关向纳税人出具“注销清税证明”，纳税人持该文书到工商部门办理注销登记。

（2）统一核准标准

联合注销清税流程明确：以纳税人生产经营状况为衡量标准，国税、地税统一确定注销登记核准方式。针对不同类型的纳税人，国税、地税共同采取“简易程序、调查巡查和税务稽查”的核准方式。在核准方式确定好后，需要实地开展调查巡查和税务稽查的，则由国税、地税主管税务机关共同派员统一进户联合执法，同时确定纳税人税法遵从情况，最大限度地减轻纳税人以往多头应对国税、地税纳税检查的办税负担。同时，联合注销清税流程也对税务机关如何开展税额确认首次提出了要素核准的工作要求，列举了需税额确认的几项关键情形，这一核查事项的确认性，在一定程度上规范了税务人员的执法行为，对纳税人而言也提高了办税效率。

（3）扩大简易处理范围

一是针对首次纳税申报至申请注销清税一直零申报且从未领用过发票、由总机构汇总申报纳税的连锁企业分支机构、不具有法人资格的分支机构、定期定额户和连续三个年度（含当年）年应税收入在200万元以下的小规模纳税人等五类纳税人实行简易注销登记，税务机关受理注销申请后即时开展案头审核，纳税人没有未办结事项，即时核准注销登记。二是进一步提高实施税务稽查的核准门槛，让更多纳税人适用简易注销程序和调查巡查程序。同时对于调查巡查的，则明确应在20个工作日内完成税额确认。三是简化跨区迁移登记程序，国税局以存续经营为前提，对纳税人因生产经营地址变动而变更主管税务机关的，全部按照简易程序即时办结。

企业税务简易注销创新前后对比见表9-1。

针对三个创新点，对比原有措施，利用专家评价法，以是国内领先做法、对原有做法大程度改进、功能性增强、改变了原有流程、更好地满足企业要求为指标，1~5的分值表示从非常不同意向非常同

表9-1 企业税务简易注销创新前后对比

	制度创新前	制度创新后
模式	◇ 国地税分别办理模式 ◇ 缺点：需在国税局、地税局分别办理，注销业务流程相对复杂	◇ 简易注销模式 ◇ 优点：简化受理流程、统一核准标准，扩大简易注销范围，压缩办理时长，提速办税，方便市场主体快速退出。
操作方法	◇ 纳税人需在国税局、地税局分别办理缴销发票、交回税控设备、结清应税款等诸多涉税事项，并经国税局、地税局对其生产经营状况开展核查，确认后，纳税人方可到工商机关办理注销登记	◇ 简化受理流程（4分） ◇ 统一核准标准（3分） ◇ 扩大简易处理范围（3.4分）

意依次渐进，请5位专家按照实际情况打分，取平均分为最终的专家评价分值。通过专家评价分值可见，三个创新点分别得4分、3分和3.4分。

9.4 创新成效评估

自联合注销清税管理规程实施以来，共核准注销税务登记28 143户，平均办理时长由9天压缩到6天，同比下降了33%。简易注销登记比例由65%上升至87%。简化的联合注销清税流程，将会对以往怯于烦琐手续的市场主体产生积极影响，帮纳税人甩掉“进门容易出门难”的包袱，以此构建更为便捷有序的市场退出机制。

从企业层面来看，样本企业对企业税务简易注销程序带来的成效有高认可度，对于受理流程满意度达到90.83%，对于调查巡查和税务稽查满意度达到95.41%，对于调查巡查和税务稽查满意度达到

95.41%，对简易注销的整体满意度同样达到了95.41%，如图9-4至图9-6所示。

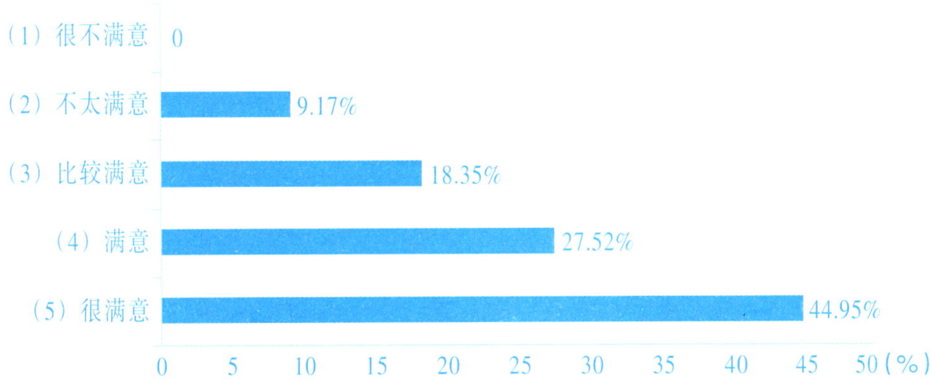

（1）很不满意 0
（2）不太满意 9.17%
（3）比较满意 18.35%
（4）满意 27.52%
（5）很满意 44.95%
0 5 10 15 20 25 30 35 40 45 50（%）

图9-4 “对受理流程是否满意”的企业反应

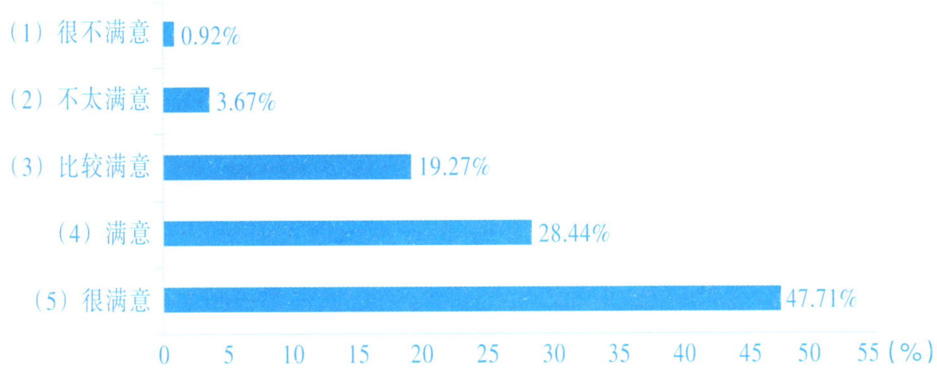

（1）很不满意 0.92%
（2）不太满意 3.67%
（3）比较满意 19.27%
（4）满意 28.44%
（5）很满意 47.71%
0 5 10 15 20 25 30 35 40 45 50 55（%）

图9-5 “对调查巡查和税务稽查是否满意”的企业反应

（1）很不满意 0.92%
（2）不太满意 3.67%
（3）比较满意 14.68%
（4）满意 32.11%
（5）很满意 48.62%
0 5 10 15 20 25 30 35 40 45 50 55（%）

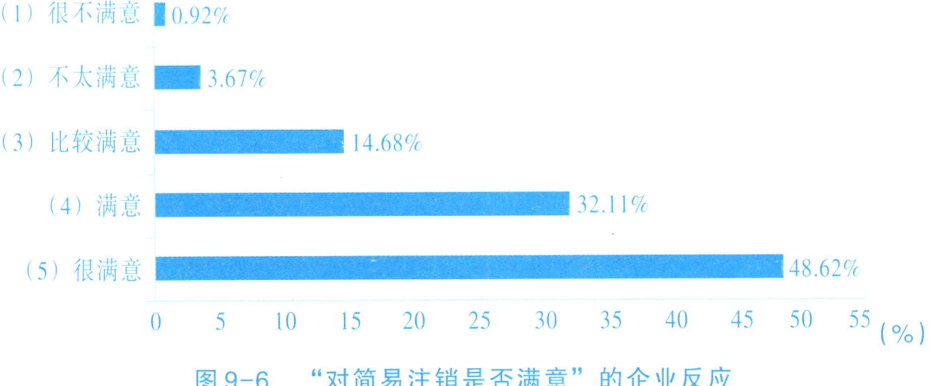

图9-6 “对简易注销是否满意”的企业反应

9.5 风险评估及防控措施

因扩大简易处理范围，存在纳税人通过简易注销脱离税务机关的注销检查的风险。针对该风险，应对申请简易注销的纳税人及时跟进，开展核查和评估，确保结清税款。定期对简易注销后的纳税人进行实地核查，防止虚假注销。

9.6 复制推广评估

◈ 复制推广价值

简化的联合注销清税流程，极大地减少了过去烦琐的注销手续，大幅压缩了企业税务注销的时间，有效提高了企业退出市场的效率，对优化营商环境有重要价值。

◈ 复制推广所需条件

简化的联合注销清税流程复制推广需要两方面条件：一是国税地税联合办公场地，二是国税地税信息共享机制。这两方面条件需保证“一方受理，共享共用”的办税新模式。

10 创新案例十：企业注册微信核名

10.1 案例概况

通过微信远程实现企业名称预核是大连片区综合服务大厅“互联网+政务服务”工作的具体举措之一。在协同办公平台上，开发微信公众号子功能，由专人负责在线答疑、一对一为企业提供远程名称预核服务。2017年4月，其占总核名量的56%；2017年6月，其占总核名量的100%；2017年9月，“微信核名服务指引1.0版”出台。微信核名工作为企业节约了大量的时间，提高了工作效率。

10.2 评估方法

◈ **深度访谈法**。大连片区综合服务大厅和相关企业的工作人员进行深度访谈，了解微信核名举措的主要创新内容，以及通过这项创新项目受益的企业的切身感受。

◈ **比较分析法**。将创新前后两种模式、操作方法及其优缺点进行比较，分析“企业注册微信核名”模式的创新性。

◈ **专家评价法**。邀请行政管理和企业管理等领域的专家，对“企业注册微信核名”的创新性进行打分评价。

评估方法如图10-1所示。

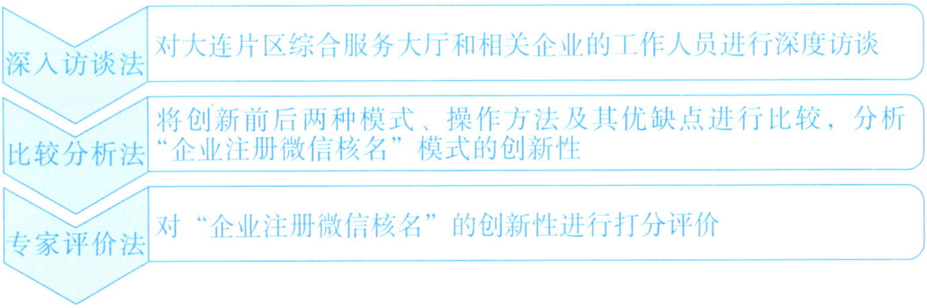

深入访谈法	对大连片区综合服务大厅和相关企业的工作人员进行深度访谈
比较分析法	将创新前后两种模式、操作方法及其优缺点进行比较，分析“企业注册微信核名”模式的创新性
专家评价法	对“企业注册微信核名”的创新性进行打分评价

图10-1 评估方法

10.3 创新性评估

创新亮点

微信核名的创新点主要体现在“简化流程，网上提交”和“服务规范化、标准化、人性化”两个方面，如图10-2所示。

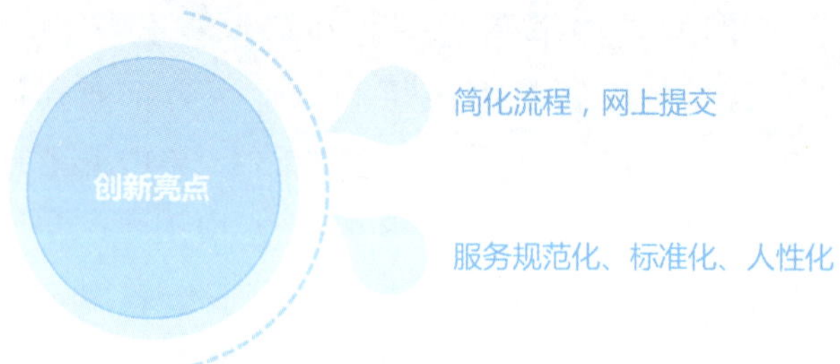

图10-2 创新亮点

简化流程，网上提交。原来企业注册名称核准需要经过领取表格、填写上交、领取核准通知书三个步骤，往返最少2次，且很少可以1次提交通过。因为申请人常常在提交表格之后接到通知，如“您所填写的名称已经被注册”，或者是“使用了驰名商标”“经营范围填写不规范”“经营范围与行业分类不相符”等情况。现在微信核名服务只需要企业在微信平台完成3个步骤，填写5项信息，在任何地方完成企业名称预核，企业名称预核的通过率提高了80%。

服务规范化、标准化、人性化。大连片区综合服务大厅“微信核名服务指引1.0版”上线以来，进一步将核名过程细分为导言、沟通、结语三个环节，并对服务用语进行了规范。例如，在导言环节，明确规定在大厅前台问答的标准用语为“您请坐，有什么可以帮您的？”“我是负责微信核名的工作人员，称呼我‘小王’就可以。”“您好，请问您想办理什么业务？”。在沟通环节，归纳梳理了企业名称、注册、变更、注销等5大类49种专业问题，并由市场监管部门确认标准答案，在此后的指引过程中，凡涉及专业问题，一律使用标准答案，不得随意发挥、似是而非，指引方式更加规范高效，使企业享受到更加精准、周到的咨询体验。

前后对比维度

微信核名创新模式前后对比见表10-1。

表10-1 微信核名创新模式前后对比

	模式创新前	模式创新后
模式	◇ 往返服务大厅 ◇ 缺点：企业注册名称核准需要经过领取表格、填写上交、领取核准通知书三个步骤	◇ “互联网+全程监管”模式 ◇ 只需要三个步骤，填写五项信息，不需要到大厅来，在任何地方都可以办理企业名称预核
操作方法	◇ 负责人到服务窗口领取表格 ◇ 填写表格，其中表格填写注意事项就有30多行，表格填写条目就有20多项 ◇ 通过后领取核准通知书 ◇ 缺点：往返最少2次，且很少可以1次提交通过，效率低，流程烦琐	◇ 关注微信公众号：大连保税区 ◇ 点击屏幕右下角的名称预核 ◇ 根据提示填写提交 ◇ 优点：不需要到服务大厅，在任何地方都可以办理企业名称预核，为企业提供了便利便捷、更为人性化的服务，切实让企业省事、省心、省力、省钱

专家评价维度

针对两个创新亮点，对比原有措施，利用专家评价法，以是国内领先做法、对原有做法大程度改进、功能性增强、改变了原有流程、更好地满足企业要求为指标，1~5的分值表示从非常不同意向非常同意依次渐进，请5位专家按照实际情况打分，取平均分为最终的专家评价分值。通过专家评价，两个创新点分别得4.6分和4.4分，创新性较高。

10.4 创新成效评估

主要创新成效

◈ **流程便捷，提高效率。**企业采用微信核名方式，利用官方微信公众号，通过互联网进行提交，无须到大厅办理，更简单、更便捷、更高效。

◈ **成效显著，认可度高。**安排专人通过微信平台为企业核名提供“一对一”在线指引，至今已为2 729家企业提供了微信核名服务。企业微信核名率100%。服务内容从最初的企业核名，逐渐拓展到企业登记、税务登记、企业开户、工程立项、审批办理等多个方面。

10.5 风险评估及防控措施

存在在线人员无法全面回答企业涉及的所有问题的风险。由于企业咨询问题具有不确定性以及政策变化的动态性，在线人员不能及时答复企业疑问。针对这一风险，可加强对网络在线服务人员的专业培训，结合政策变化，及时给予企业专业的回答。

10.6 复制推广评估

◈ 复制推广价值

“微信核名”作为全面深化“放管服”改革的具体举措之一，其服务更加规范化、标准化、人性化。在企业注册方面为企业节省时间成本，有利于优化营商环境，并且大连片区的此项工作已经走在全国前列。

◈ 复制推广所需条件

复制推广所需条件如图10-3所示。

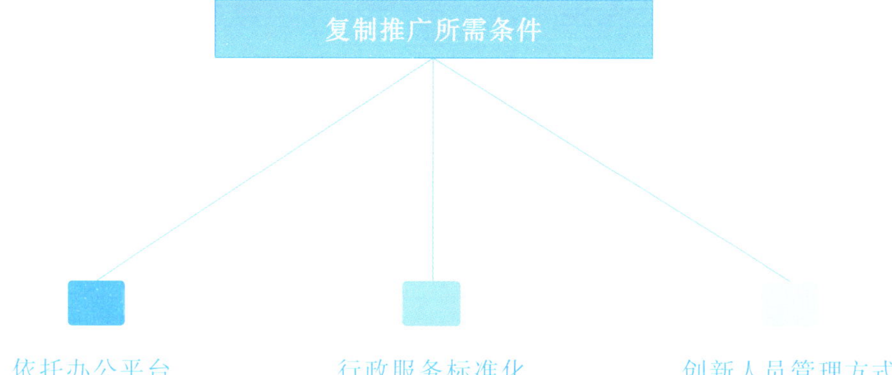

图 10-3 复制推广所需条件

依托办公平台。通过开发微信公众号功能，建立网络办公平台，提供微信核名功能，为企业提供在线微信核名服务。

行政服务标准化。明确规定在大厅前台问答的标准用语，由市场监管部门确认标准答案，在此后指引过程中，凡涉及专业问题，一律使用标准答案。

创新人员管理方式。改变传统工作人员管理方式，构建服务“大厅+线上平台”的同时服务企业的新模式，并制定完善的培训管理流程。

11 创新案例十一：行政服务“单一窗口”

11.1 案例概况

“单一窗口”即企业通过一个系统或平台，一次性提交标准化申请材料，各部门同时审批，完成涉及多个行政部门审批事项的行政审批服务模式。在辽宁自贸区大连片区综合服务大厅，办事人员只需面对准入类和监管类两种窗口，在一个窗口与一个工作人员接触，即可完成所有业务的办理，每个受理窗口都是综合窗口，可以受理所有对外公示的业务。通过“单一窗口”将一窗一办、一事一办提升到“集中受理、综合办理、统一发证”，也解决了“脸难看、事难办”的问题。

11.2 评估方法

(1) 相关部门访谈

2017年12月，多次重点对大连市行政服务大厅的相关部门进行访谈，深入了解推出“单一窗口”模式的背景、目标、创新内容及操作细则，从宏观层面了解落实效果，并收集相关资料和案例素材。

(2) 对比分析法

将创新前后两种模式、操作方法及其优缺点进行比较，分析行政服务“单一窗口”模式的创新性。

(3) 专家评价法

邀请行政管理领域的专家，对“单一窗口”模式的创新性和推广难易度进行打分评价。

11.3 创新性评估

针对行政服务“单一窗口”的创新模式，从创新前后对比、企业感知、专家评价多维度进行创新评估。

创新亮点

行政服务“单一窗口”新模式创新亮点如图11-1所示。

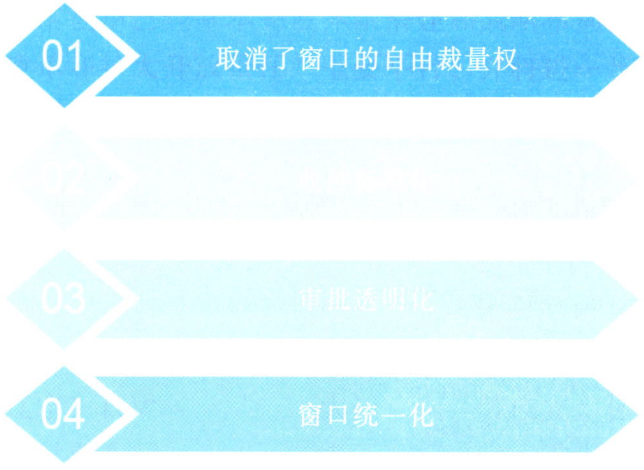

图11-1 行政服务“单一窗口”新模式创新亮点

(1) 取消了窗口的自由裁量权

行政服务“单一窗口”将受理业务和审批业务隔离，窗口的工作人员也不是以往的职能部门派驻的人员，而是由政府购买的第三方服务人员，只负责按照标准接件，不参与审批事项决策，所以不具有自由裁量权。有效避免了由于具有自由裁量权而带来的滥用职权以及吃拿卡要等可能出现的问题。

(2) 收件标准化

窗口工作人员负责按照业务部门给出的收件标准进行形式核对，符合标准就收件转交，这也大大减少了收件纠纷。

(3) 审批透明化

将职能部门后置，在后台只负责审批工作。行政服务中心通过公共平台监督业务部门的审批流程，并将审批进度通过微信、短信、网站平台实时推送给当事人。

（4）窗口统一化

所有受理窗口都是综合窗口，功能相同，可以受理所有对外公示的业务。群众办事不对部门，不用多窗口往返。窗口业务均衡，减少了排队等待时间，在一定程度上实现了来办事人员“零等待”。

创新前后对比维度

“单一窗口”新模式创新前后对比见表11-1。

表11-1 “单一窗口”新模式创新前后对比

创新前		创新后	
模式	企业、群众办事需在服务大厅先判断自己应去部门所在的区域，再判断去部门所在区域中的哪个窗口办理，面对多个部门的不同窗口，提供多份申请材料	模式	办事人员只需面对一个“综合窗口”，一次性提交全部材料，各部门同步审批
缺点	△办事程序复杂 △重复操作 △加大了时间成本	优点	△提高了行政服务效率 △节约了时间成本

企业感知维度

通过对企业的深度访谈，他们对行政服务“单一窗口”新模式感受度高，认为大连片区行政服务大厅的服务意识大幅度提升，为办事人员提供了全方位服务，明显提高了办事效率，大大节约了办事时间。

专家评价维度

针对四个创新点，对比原有措施，利用专家评价法，以是国内领先做法、对原有做法大规模改进、功能性增强、改变了原有流程、更好地满足企业要求为指标，1~5的分值表示从非常不同意向非常同意依次渐进，请5位专家按照实际情况打分，取平均分为最终的专家评价分值，见表11-2。

表11-2 专家评分表

项目	国内领先做法	改进程度	功能性增强	改变了原有流程	更好地满足企业要求
取消窗口自由裁量权	3.5	3.8	3.4	4.5	4.3
收件标准化	3.5	3.8	3.8	4.5	4.0
审批透明化	3.0	3.5	3.8	4.5	4.3
窗口统一化	3.0	4.5	4.0	4.5	4.0

通过专家评价分值可见，四个创新亮点中的取消窗口自由裁量权得分为3.9，收件标准化得分为3.92，审批透明化为3.82，窗口统一化为4，表明创新性较高。

11.4 创新成效评估

主要创新成效

在大连片区综合服务大厅正式推出单一窗口以来，共有246项审批事项，全部纳入单一窗口办理，其中准入73项、监管173项。大厅实现四个“零”，即“零干扰、零等待、零否决、零接触”，如图11-2所示。

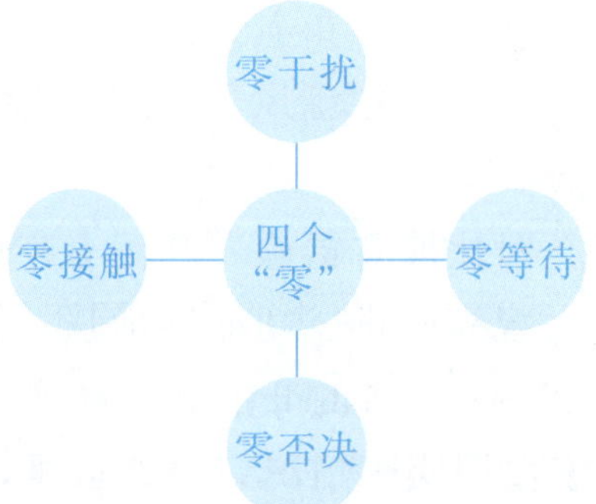

图11-2 行政服务“单一窗口”的四个“零”成效

“零干扰”是指通过手机微信、短信叫号，大厅没有传统的语音呼叫“请××用户到××窗口办理”的嘈杂声音，减少了相互的影响；“零等待”是指准入或监管的10个窗口，提供同样的服务，各窗口工作量均衡，申请人基本上不需要等待；“零否决”是指借鉴复制了上海的“窗口无否决权”，对不属于受理范围的情况，不能简单地说“不知道、不清楚”，对不符合申请条件的情况，不能简单拒绝，对属于模糊地带、空白领域的情况，窗口人员未经请示不能直接拒绝；“零接触”是指在行政服务单一窗口，对于申办事项合不合法、要件齐全不齐全、填写规范不规范、有没有告知承诺内容，都通过协同办公平台显示到申请人面前，企业不需与各业务部门人员沟通，就可以顺利地完成提交，实现申办人员和承办人员的零接触。

11.5 风险评估及防控措施

风险评估

由于窗口涉及多方面的业务知识，窗口办理业务人员可能无法全面回答企业遇到的问题，使得“单一窗口”的优势不能够完全发挥出来。

防控措施

对窗口工作人员进行系统的培训，到各个不同的部门进行轮岗实习，确保熟练掌握所办理的业务。不同部门制定的办事标准更加具体细化，更好地解决窗口工作人员不够专业的问题。

11.6 复制推广评估

复制推广价值

单一窗口有效避免了由于具有自由裁量权带来的滥用职权以及吃拿卡要等可能出现的问题，大大减少了收件纠纷，节省企业时间成本，提高办事效率，具有很高的推广价值。

复制推广评估

行政服务“单一窗口”复制推广评估见表11-3。

表11-3 行政服务“单一窗口”复制推广评估

推广价值	推广条件	推广难易度
◇ 单一窗口服务效能明显提升，企业满意度高 ◇ 节约时间成本	◇ 依托办公平台 ◇ 行政服务标准化 ◇ 创新人员管理方式	4.2（较易推广）

行政服务“单一窗口”作为自贸区服务大厅的一项重要创新举措，示范性和辐射力较强。为评价其推广难易度，仍利用专家评价法，以推广价值大、实施壁垒低、推广条件的可获性为指标，1~5的分值表示从非常不同意向非常同意依次渐进，请5位专家按照实际情况打分，取平均分为最终的专家评价分值，得分越高表示越容易推广。经专家评价，推广难易度得分为4.2分，为较易推广。

12 创新案例十二：小微企业银税互动机制

12.1 案例概况

"银税互动"是在依法合规的基础上，由税务部门、银监会派出机构和银行业金融机构通过协商，共享区域内小微企业纳税信用评价结果，推动小微企业发展。大连依托税务机关与企业之间的密切联系，以盘活企业的信用资产、提高金融机构的贷款质效、提升纳税人的税法遵从度为目的，推行税、银、企三方共赢的"银税互动"服务，通过信用信息共享、线上服务平台、建立多方联席会议制度等途径，一定程度上破解了小微企业贷款利率高、抵押担保难等难题，有效地提高了银行审贷效率，促进了小微企业的发展。

12.2 评估方法

（1）政府部门访谈

2017年12月，多次重点对大连市地税局、国税局和银监会大连监督管理局进行访谈，深入了解推出"银税互动"服务的背景、目标及操作细则，从宏观层面了解落实效果，并收集相关资料和案例素材。

（2）企业深度访谈

通过深度走访接受"银税互动"服务的代表性企业，听取企业对"银税互动"服务的影响度和满意度，以及企业对该服务进一步提升的建议，从市场发展需要的角度对创新措施的落地性进行评估。

（3）专家评价

邀请税务和小微企业融资领域的专家，对"银税互动"服务的创新性和推广难易度进行打分评价。

(4) 企业问卷调查

综合考虑行业属性、企业类型等因素，选取具有代表性的企业发放问卷，调查企业对“银税互动”服务的使用感知和效用，并了解在该领域未来的需求方向。

通过纸质和电子问卷两种方式，共回收问卷453份。针对回收的问卷，根据3个标准进行筛选，剔除无效问卷：一是问卷中有缺漏项，影响数据分析的有效性；二是答卷者没有认真填答问卷，如所有条目都圈选同一分值；三是答卷者在选择分值时存在矛盾现象，如同一内容题项，前后选择分值相差太大。根据以上3个标准，本研究从453份问卷中筛选出421份有效问卷，有效问卷率达93%。

从企业类型看，民营企业占到样本量的77.67%，国有企业占18.05%，二者构成了样本的主体部分。另有外资企业和港澳企业，分别占3.33%和0.95%，体现了样本企业类型的多样性（如图12-1所示）。

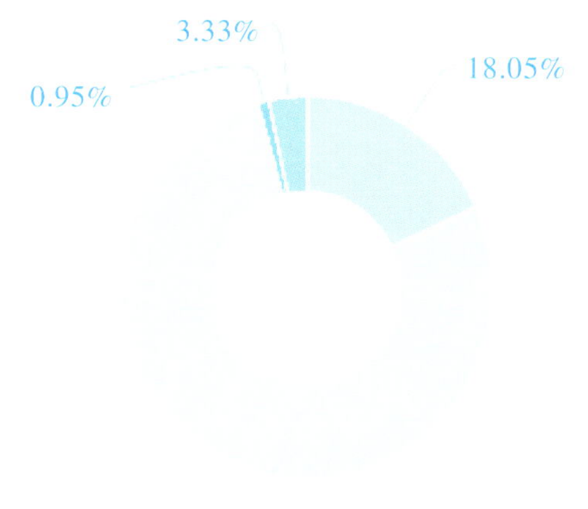

图12-1 样本企业类型

从企业属性来看，有限责任公司占总样本量的54.87%，成为调研样本的主要构成部分。另有独资企业、股份有限公司、有限合伙企业和普通合伙企业，表明样本结构合理（如图12-2所示）。

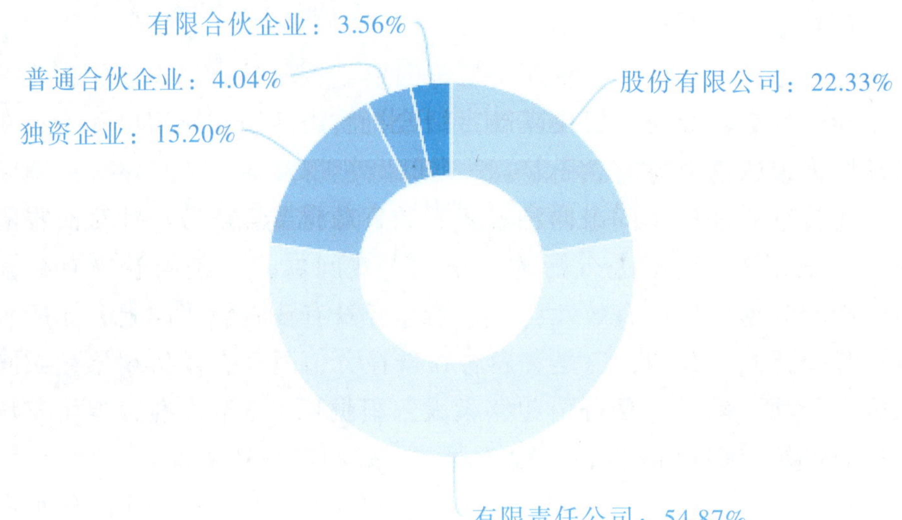

图 12-2 样本企业属性

12.3 创新性评估

以核心内容和举措为基础，大连在“银税互动”服务中展现出4个方面的创新性举措（如图12-3所示）。

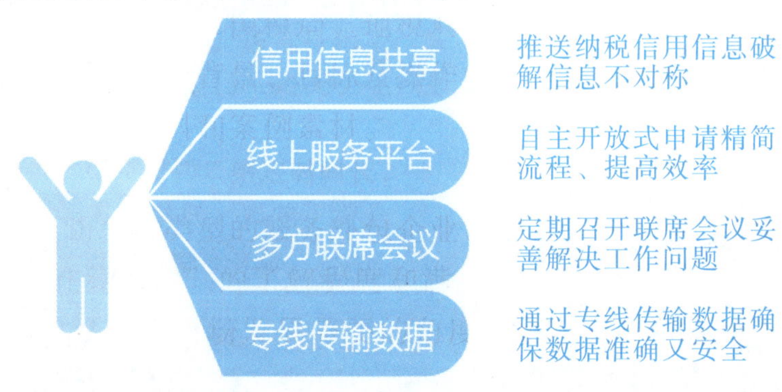

图 12-3 “银税互动”服务创新性评估

（1）信用信息共享

税务部门定期向金融信贷领域推送纳税信用评价信息，为征信市场和信用评级机构依法查询信用信息提供便利；银行监管部门定期接收税务部门提供的企业纳税信用评价信息，并在银行机构及其他金融组织间共享，从而有效解决小微企业信贷融资中信息不对称的问题，促进融资业务的实现。

（2）线上服务平台

在“银税互动”共享信息的基础上，各银行可获得更为准确的授信审批依据，并在此基础上不断精简审批流程、提高审贷效率。部分机构将纳税信息引入7×24小时线上服务平台，实现线上获取纳税信息，并由企业自主开放式申请，客户可通过手机银行、网上银行自助申请、网银支用、随借随还。对于符合条件的优质小微企业，最快2个工作日即可完成审批。

（3）多方联席会议

通过定期召开多方联席会议、重要情况通报、落实措施反馈等方式进行议事合作，更好地统一工作思路，部署工作项目和任务，交流工作动态和信息，妥善解决合作中的问题。

（4）专线传输数据

涉税信息由纳税人自主委托税务局直接向该平台提供，通过专线传输数据，对传输过程严格监控，确保数据准确又安全。因此，企业无须委托中介代办，从而极大地避免了企业信息泄露，降低了贷款风险，缩短了贷款申请流程。

针对“银税互动”服务，通过纵向对比，即与传统银行信贷服务模式相比较，利用专家评价法，以国内领先做法、对原有做法大规模改进、功能性增强、提高信贷效率、降低小微企业融资成本为指标，1～5的分值表示从非常不同意向非常同意依次渐进，请5位专家按照实际情况打分，取平均分为最终的专家评价分值。“银税互动”服务创新性评估见表12-1。

通过专家评价分值可见，信贷模式、贷款平台、贷款利率、服务企业类型、信贷风险防范分别得4.8分、4.2分、3.6分、3.8分和4.6分，表明“银税互动”服务创新性较高。

针对“银税互动”服务，与上海自贸试验区“银税互动”服务进行横向对比，本评估主要从服务平台、信息安全、服务企业类型、信贷风险防范机制、三方合作机制5个方面进行对比（见表12-2）。

表 12-1 “银税互动”服务创新性评估

	传统银行信贷服务	“银税互动”服务	专家评价分值
信贷模式	企业提供相关有效证明，与商业银行建立信贷关系，向银行提交贷款申请，通过银行贷款审查，签订贷款合同	“银税互动”合作银行除常规的贷款程序外，会根据国地税对企业的纳税信用评价结果并结合企业其他情况，运用银行自身的评价体系对企业进行授信评估	4.8
贷款平台	各大银行均有网上服务平台，受理企业贷款	易e贷是全天候网上服务平台，实现线上获取纳税信息并由企业自主开放式申请贷款	4.2
贷款利率	对大部分企业均按照金融市场上信用贷款利率上浮80%以上的利率贷款	各合作银行对参与“银税互动”服务的企业制定不同的优惠利率	3.6
服务企业类型	所有企业	重点关注小微企业	3.8
信贷风险防范	银行会进行常规贷款监督	除了常规贷款监督外，由于有税务信息实时对接，银行会采取依据每个月企业纳税的变化情况进行判断的防范措施	4.6

表 12-2 辽宁自贸试验区大连片区与上海自贸试验区“银税互动”服务对比

	辽宁自贸试验区大连片区	上海自贸试验区
服务平台对比	易e贷作为7×24小时线上服务平台，将新增合作银行的“信贷产品”全部挂载于线上，实现贷款业务流程的线上操作，方便企业申请贷款	上海银税互动服务平台实现了企业网上快速完成贷款申请；银行在线受理申请；税务部门在线接收反馈信息

续表

	辽宁自贸试验区大连片区	上海自贸试验区
信息安全对比	易e贷由大连政府与第三方机构合作开发，通过专线传输数据，对传输过程严格监控，确保数据准确又安全	上海银税互动服务平台是由政府多部门间合作开发的，确保企业涉税和信贷信息的安全
服务企业类型对比	重点关注小微企业	重点关注优质出口退税企业和创新型、创业型企业
信贷风险防范机制对比	合作银行会采取依据每个月企业纳税的变化情况进行判断的防范措施	“银税互动政策性担保”为符合条件的企业提供贷款本金80%的政府基金的担保。银行向企业发放贷款后，税务部门向银行推送企业的纳税详情，作为银行贷后风险预警的重要指标
三方合作机制对比	多方联席会议制度是指通过定期召开联席会议、重要情况通报、落实措施反馈等方式进行议事合作	无

通过与上海自贸试验区“银税互动”服务的5个方面进行对比，可以看出大连在“银税互动”服务方面具有一定的便利性和创新性，在信息安全和三方合作机制上有一定的特色。但在信贷风险防范机制和服务企业类型方面仍有完善的空间。

12.4 创新成效评估

“银税互动”服务取得了“两增一降”的效果，“两增”是指通过“银税互动”服务，有效增加了多方共享信息，有效地为小微企业增信；“一降”是指降低了小微企业融资成本的作用，一定程度上破解了小微企业贷款利率高、抵押担保难的难题，有效地提高了银行审贷效率，促进了小微企业的发展。“银税互动”服务创新成效评估如图

12-4所示。

图12-4 “银税互动”服务创新成效评估

(1) 增加共享信息

在“银税互动”共享信息的基础上，各银行可获得更为准确的授信审批依据，并在此基础上不断精简审批流程、提高审贷效率；把多家银行的信贷产品统一整合到电子平台上，打造企业融资的“网上超市”。企业登录平台、进行用户注册，便可根据自身的需要选择适合的信贷产品，按照系统设定的信息认证、审核、传递流程即可完成贷款的申请和结果反馈，大大节省了时间成本和人力成本；同时，通过专线传输数据，对传输过程严格监控，确保数据既准确又安全。

(2) 增强企业信用

银行根据企业纳税信用级别和税款缴纳情况，掌握企业的真实经营情况和现金流入情况，以此向企业提供信用贷款。2017年推行的“银税互动”服务共为小微企业提供了149.18亿元的贷款；银税合作下，小微企业贷款中的信用贷款占比达5%左右。

(3) 降低融资成本

在“银税互动”信贷产品模式下，优质企业不再主要依靠担保、抵押等手段增信，节约了抵押担保费等支出；银行对守信、优质的小微企业亦采取利率优惠等措施。

根据企业问卷调查得出的数据，从企业层面来看，样本企业对“银税互动”带来的成效有比较高的认可度。对于“银税互动对减少企业融资难问题是否有效”这一问题，认为比较有效及以上的企业占到83.88%，认为很有效果的企业占到20.14%（如图12-5所示）。

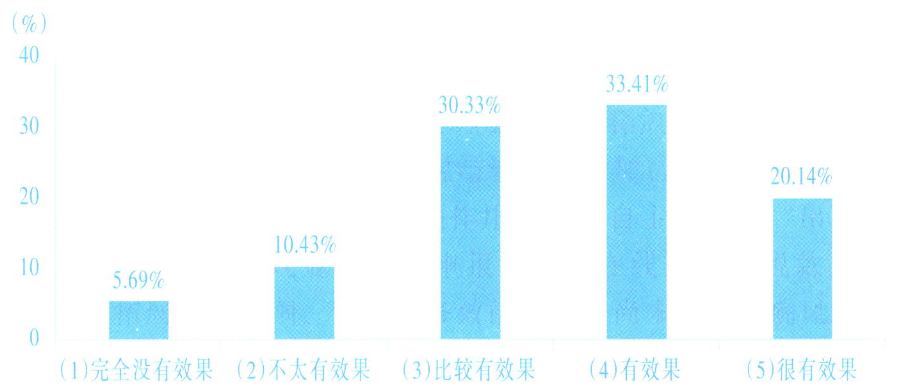

图 12-5 “银税互动”对降低企业融资难问题是否有效示意图

对于“银税互动”对降低企业融资成本是否有效（如图12-6所示）和“银税互动”对提高企业融资效率是否有效（如图12-7所示）这两个问题，认为比较有效果及以上的企业均超过85%。总体来看，“银税互动”服务对降低企业融资成本、提高企业融资效率都具有高成效。

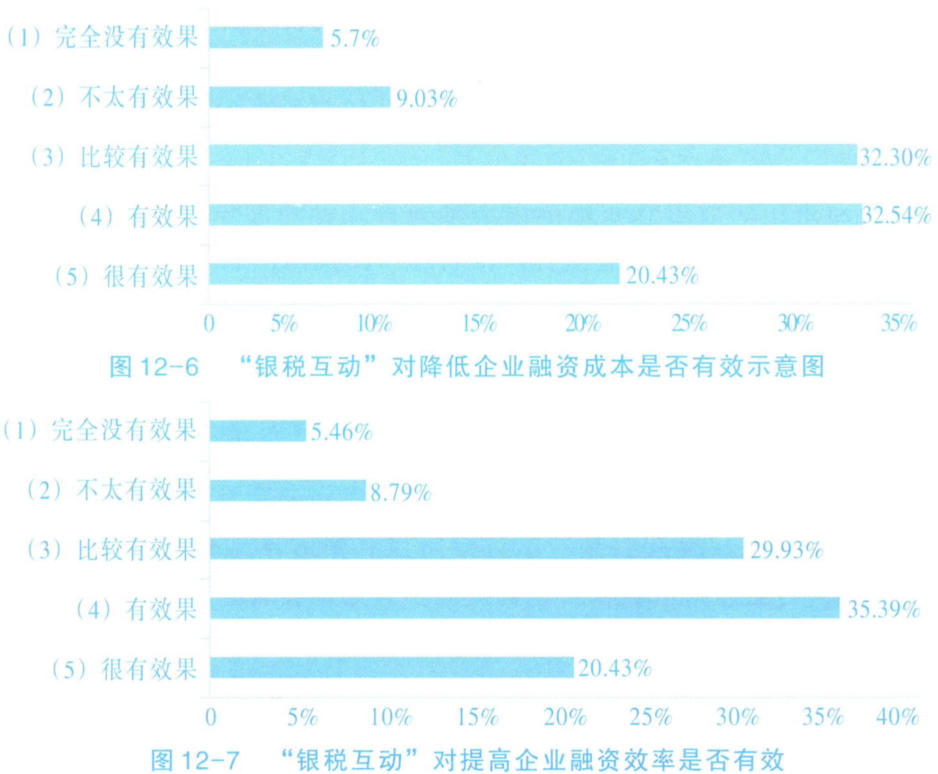

图 12-6 “银税互动”对降低企业融资成本是否有效示意图

图 12-7 “银税互动”对提高企业融资效率是否有效

在提高企业融资效率和降低企业融资成本的有效性调查的基础上，又从整体上调查了企业对“银税互动”服务的满意度（如图12-8所示）。根据调研反馈结果，对“银税互动”服务比较满意及以上的企业达到94.79%。总体而言，样本企业对“银税互动”服务的满意度较高。

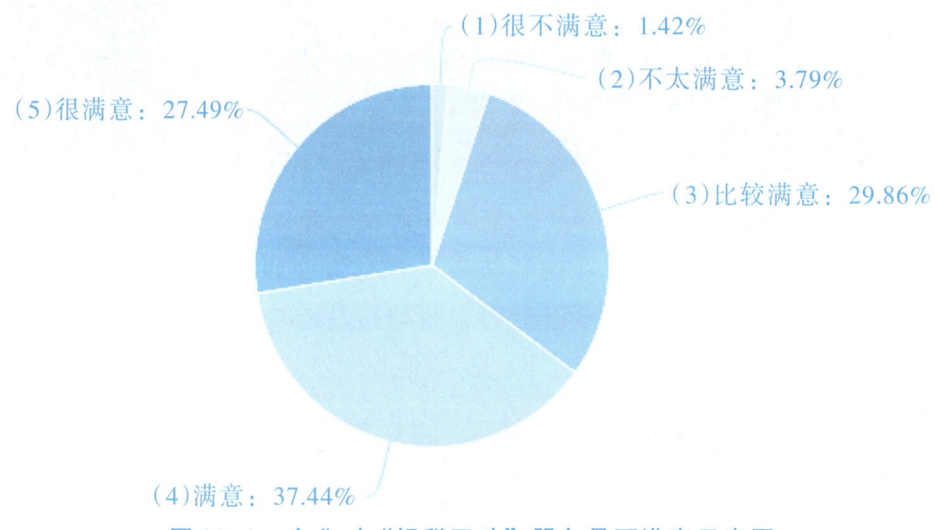

图12-8 企业对“银税互动”服务是否满意示意图

12.5 风险评估及防控措施

“银税互动”服务为小微企业提供贷款，会给银行带来资金风险方面的压力。因此，首先要注重对小微企业信用评级的监管，使信用评级市场化，发挥市场的选择机制，依赖市场对小微企业进行筛选。其次，应建立适当的第三方风险补偿机制和更为完善的贷款监督机制，激发小微企业和商业银行参与“银税互动”服务的活力，使小微企业尤其是具有高成长性的小微企业更加健康、快速的发展。

12.6 复制推广评估

“银税互动”服务是税务部门、商业银行和企业多元化联合的共同体，需要各个参与主体相互配合、紧密合作来实现。为评价其推广难易度，仍利用专家评价法，以推广价值大、实施壁垒低、推广条件的可获性为指标，1～5分的分值表示从非常不同意向非常同意依次渐进，请5位专家按照实际情况打分，取平均分为最终的专家评价分值，得分越高表示越容易推广。

表12-3 "银税互动"服务复制推广评估

推广价值	推广条件	推广难易度
◇ 提高诚信小微企业融资的可获得性，破解小微企业抵押担保难的难题，降低小微企业融资成本 ◇ 缓解信息不对称，提高银行审贷效率 ◇ 促进社会诚信体系建设	◇ 多部门协同，建立安全稳定的涉税信息共享机制和企业信用评价体系 ◇ 建立"银税互动"平台，实现银税之间数据的实时对接，提高企业申请"银税互动"产品的效率 ◇ 建立完善的信息安全机制，确保企业涉税信息与信贷信息安全 ◇ 向企业做好"银税互动"服务专题宣传和培训工作	4

根据专家的评价结果，"银税互动"服务推广价值较大、实施壁垒低、推广条件易获取，其推广难易度最终得分为4分，表明该模式较易推广。

13 创新案例十三：进境粮食示范港建设

13.1 案例概况

案例描述

为有效控制进境粮食带来的有关风险，提高通关效率，在大窑湾检验检疫局、大连保税区管委会的引领和帮助下，中国华粮物流集团北良有限公司积极参与，三方共建“进境粮食示范港”项目。通过建立封闭的产业监管链条，确立集现代化、科学化、信息化、便捷化装卸与安全卫生、疫病、疫情防控于一体的现代港口管理与服务体系，形成长效机制。北良港在国内率先探索“互联网+全程监控”，建立了规范化、信息化管理和操作体系，率先实现了口岸检验检疫监管模式创新，提升了口岸管理服务效能。进境粮食示范港以植物疫情无害化处理、建立港口在线检疫实验室、运行三个质量安全管理模式为核心的一系列专业化、全方位的创新举措，可进一步完善进境粮食监管体系，确保进境粮食安全，提升港口竞争力，并进一步支持东北腹地粮食外贸业务和加工业实体经济发展，促进区域开放和经济振兴。

品类选择

北良公司将粮食进口作为五大体系的检测对象。建立进境粮食示范港的初衷就是为了确保粮食入境安全，加快粮食进境速度，在操作、监管方面容易实施。粮食是大连口岸传统进口商品品类，主要销往东北三省经济腹地和环渤海经济人口聚集区，市场需求量较大。粮食是检验检疫部门需要百分之百查验的食品，对海关而言也属于查验较为严格的货品，是集装卸与质检疫检于一体的示范港理想货物品类。

创新亮点

围绕示范港创新的五大体系，不断完善、优化、创新和改善检验检疫模式，提高进境粮食通关效率。这是在提升口岸管理服务效能方面实现的口岸检验检疫监管模式的创新，是技术、程序层面的创新。北良进境粮食示范港格局创新亮点如图 13-1 所示。

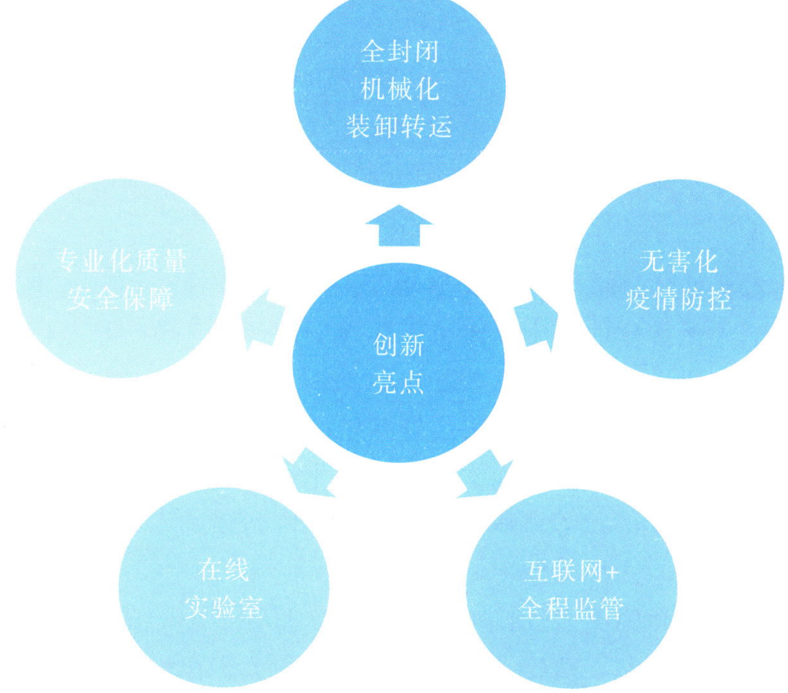

图 13-1　北良进境粮食示范港格局创新亮点

（1）全封闭、机械化装卸转运体系

装卸、仓储、调运是疫情风险较高的关键环节。进境粮食到港后，实现了集输港设施的“全封闭”，粮食由专用泊位接卸、专用筒

仓储存，实现了港口的粮食装卸、储运功能与其他产品的装卸、储运功能的无交叉，进口粮食与出口、内贸粮食的无交叉；实现了粉尘集中回收，保证进境粮食在港作业无洒漏。北良进境粮食示范港装卸、转运体系如图13-2所示。

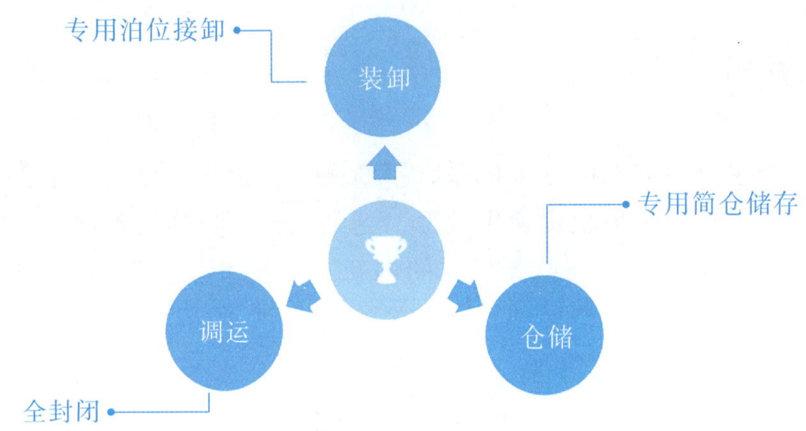

图13-2 北良进境粮食示范港装卸、转运体系

(2) 无害化疫情防控体系

港口作业严格执行防疫措施与管理制度，通过改造疫情粮食熏蒸系统、配备防控器械、强化管控洒落粮、聘请专家开展有害生物监测、无害化处理进境粮食粉尘等手段，将港口作业全环节、港区周边环境均纳入无害化疫情防控体系，实现了港口全环节、全范围的植物疫情有效防控。

制定科学有效的无害化防疫管理措施并严格落实，使粉尘中的病菌、虫卵、草籽等失去活性，达到无害化的目的。无害化造粒车间全年可处理粉尘600～1 000吨，完全满足港口防疫的需要。

(3) 规范化、信息化管理与操作体系

相关单位共同完成进口粮食全程检疫监管系统的开发，目前已经覆盖检验检疫部门、港口、加工企业以及相关货代机构。

依据示范港建设思想，检疫监管系统采用GPS、GIS、物联网等信息技术，实现进口货物从“靠泊→装卸→检验检疫→在港存储→调离审批→货物发运→在途跟踪→工厂接收”全程的信息化闭环管理，实现了管理过程电子化、数据实时化、重要环节可视化、跟踪手段物联网化，对检验检疫监管模式的创新应用起到了有力的支撑作用。全程监管保证了粮食流向有效控制，杜绝了监管漏洞。“互联网＋”理念实现进口粮食全程监管如图13-3所示。

港口卸船远程监控
港口输送远程监控
港口储存远程监控
疏港装车远程监管
1.汽车运输GPS定位
2.火车运输车号识别
加工厂远程监控

图13-3 “互联网＋”理念实现进口粮食全程监管

（4）检验检疫程序与技术的创新体系

北良公司与检验检疫部门共建“在线实验室”，并将其前移至港区码头卸粮流水线，进行粮食常规项目的即时在线检验，达到了进境粮食“边卸边检，卸货结束检验完成”的要求，大大缩短了“采样—送样—检测”周期，加快了进境粮食通关速度，也有效降低了检验检疫监管成本，为加工企业节省了大量的资金利息。“在线实验室”实现进口粮装卸检验示意图如图13-4所示。

在线实验室
卸粮流水线
边卸边检
卸完检完

图13-4 “在线实验室”实现进口粮装卸检验

（5）专业化质量安全保障体系

通过不断强化对相关作业人员检验检疫监管政策、法规的宣贯，以及加强检验检疫技术培训，建立健全专业的检验检疫协检队伍，制定并组织实施符合检验检疫要求的定期疫情监测制度。

简要效果

进境粮食示范港信息监管系统投入应用后，简化了港口和粮食加工企业间的粮食调离手续。通过“在线实验室”的创新，实现了“边卸边检，卸毕检完”，大幅提高了通关效率，粮食到港通关时间至少减少7～10天，通关速度提升50%以上。加工企业的平均通关时间缩短4～12天，散粮船平均滞港时间缩短1天，减少了加工企业的资金时间成本。进境粮食示范港的创建，将进一步吸引更多的东北加工企业选择在大连中转进口粮食，有力巩固大连口岸外贸粮食中转的份额优势，助力大连本地航运中心和物流中心建设。

13.2 评估方法

北良进境粮食示范港评估方法如图13-5所示。

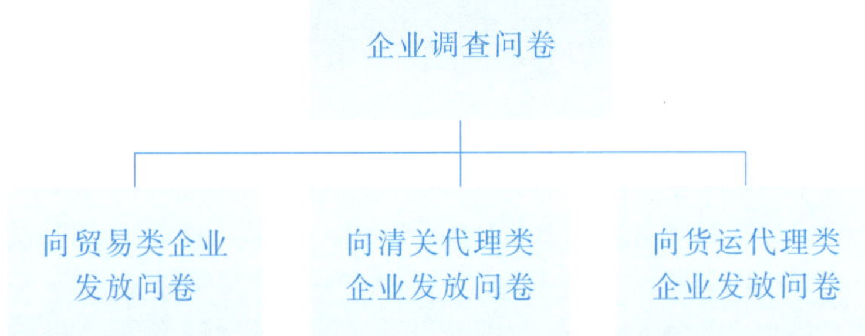

图13-5 北良进境粮食示范港评估方法

◈ 问卷调查样本描述

2017年11月，对贸易类企业、清关代理类企业、货运代理类企业采用电子问卷调查的方法，共计发放问卷43份，针对“进境粮食示范港”的有效性、创新性、贸易便利度等进行调查。

在获取的样本中，民营企业占比44.18%，外资企业占比2.33%，国有企业占比46.51%，港澳企业占比6.98%，样本企业类别多元化。北良进境粮食示范港问卷调查企业类型描述如图13-6所示。

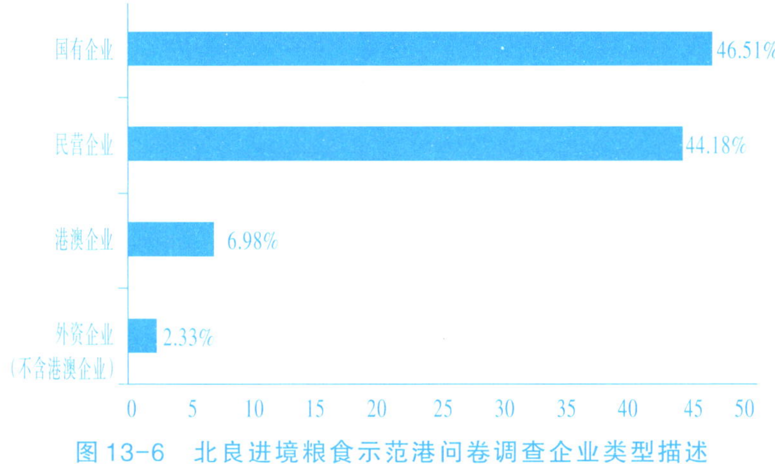

图 13-6　北良进境粮食示范港问卷调查企业类型描述

13.3　创新性评估

进境示范港在"互联网+全程监管"、"在线实验室"、全封闭机械化装卸转运体系、无害化疫情防控处理和质量安全体系创新的基础上，实现了卸货完毕检验检疫完成、在线检疫和便捷通关。与制度创新前相比，具有明显的制度优势（见表 13-1）。

表 13-1　"进境粮食示范港"制度创新前后对比

制度创新前		制度创新后	
模式	◇企业装卸、质检、转运分离；转运体系、疫情防控体系并不完全封闭 ◇缺点：口岸与指运地检验检疫监管并不衔接，质检疫验的及时性较差，通关效率低，加大了企业成本	模式	◇装卸封闭机械化、管理电子化、质检无害化、数据实时化、重要环节可视化、跟踪手段物联网化 ◇优点：集便捷化装卸与安全卫生、疫病、疫情防控于一体进境粮食"全程无缝监管"
操作方法	◇"采样—送样—检测"、粮食调离手续繁杂 ◇缺点：通关时间长，效率低，检验检疫监管成本较高	操作方法	◇"互联网+全程监管"，共建"在线实验室" ◇优点："边卸边检，卸毕检完"，大幅缩短了通关时间，提高了通关效率，节约了企业成本

13.4 创新成效评估

北良进境粮食示范港的创建，提高了港口周转效率，降低了运营成本，港口竞争力得到了提升。这是在国内率先开展的在线检疫创新，既确保了疫情检得出、检得快、检得准，还提高了进境粮食的通关效率，有效降低了检疫监管成本。粮食通关时间减少7~10天，通关速度提升50%以上。加工企业的平均通关时间缩短4~12天，散粮船平均滞港时间缩短1天，减少了加工企业的资金和时间成本。

据估算，每艘次外贸进口大豆船（按6万吨计）可以节省资金利息约20万元，北良港2017年共接卸近60艘次外贸粮船，共为加工企业节省资金1 000万元以上。2017年1—10月北良港进口大豆323.7万吨，占东北地区56%的份额，相对于2016年同期230万吨的大豆进口量以及42%的市场份额，都呈现出显著的提升，促进了东北地区粮食加工企业的发展。打造粮食示范港，不仅有效地实现了疫情风险防控，进一步提高了进境粮食的通关效率，提升了港口竞争力，预计每年还能为大连口岸增加400万吨货物、130亿元货值，增强了大连地区港口的先发优势，将进一步推动东北振兴和“一带一路”倡议的实施，实现一举多赢。

对企业所进行的“进境粮食示范港”通关满意度调查结果显示（如图13-7所示），对该措施效果很满意的企业占比13.95%，对效果满意的企业占比30.23%，比较满意的企业占比44.19%。这说明该项措施的企业满意度高，政策效应显著。

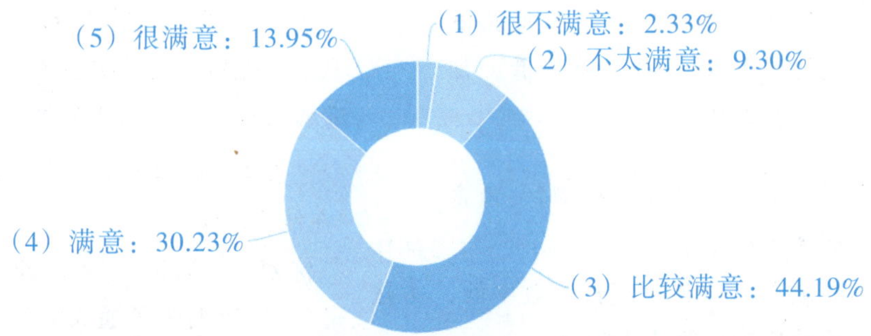

图13-7 对“进境粮食示范港”实施效果调查结果

对“进境粮食示范港”节约通关时间的调查结果显示（如图13-8所示），有11.63%的企业认为该项目对自身大幅节约通关时间很有影响，有16.28%和27.91%的企业认为有影响和比较有影响。节约通关时间、提升通关效率得到55.82%的企业认可。

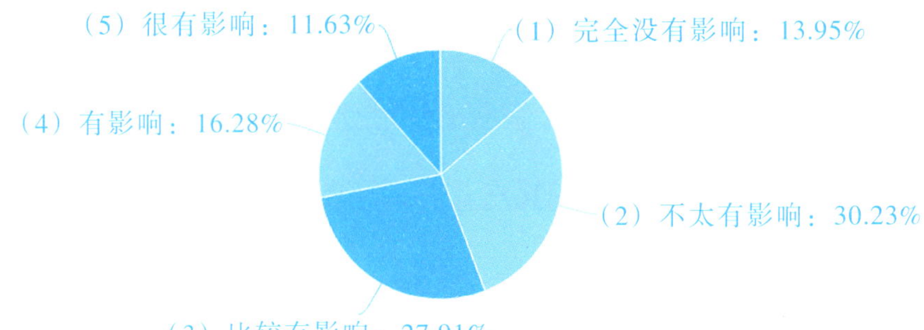

图13-8 对“进境粮食示范港”节约通关时间的调查结果

对“进境粮食示范港”节约资金利息的调查结果显示（如图13-9所示），有16.28%的企业认为大幅节约了资金利息，有44.19%的企业认为节约了资金利息，影响企业节约资金利息得到了60.47%的企业的认可。

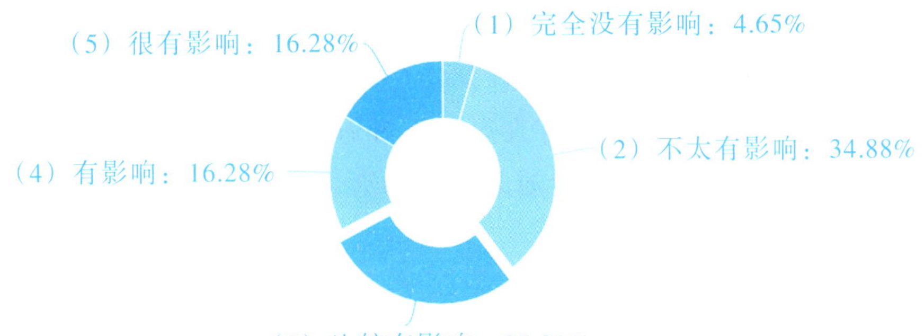

图13-9 对“进境粮食示范港”节约资金利息调查结果

对选择北良“进境粮食示范港”进行业务往来的理由的调查结果显示（如图13-10所示），节约通关时间、地理位置优越、节约通关成本、智能化服务水平高为主要原因。

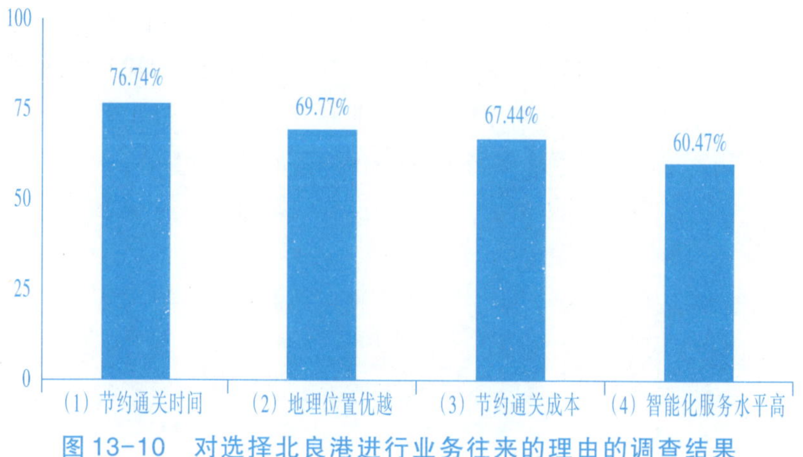

图 13-10　对选择北良港进行业务往来的理由的调查结果

13.5　风险评估及防控措施

◈ 品类归责风险及防控措施

检验检疫和关检的检验重点不一样。例如，粮食的关检是看是否有夹藏，检验检疫则侧重于检查有没有疫情或病虫害等。如有品类归责风险，可通过建立协调机制加以解决。

◈ 数据风险及防控措施

海关、检验检疫等口岸监管部门原本有各自的通关综合业务平台，相互间数据整合有时会存在风险，可通过进一步开发和升级“互联网+全程监管”系统，整合通关数据，进行防控。

13.6　复制推广评估

◈ 复制推广价值

“互联网+全程监管”的“进境粮食示范港”可有效减少通关时间，提高通关效率，节约企业成本，提升贸易便利化水平和国际贸易竞争力。

◈ 复制推广所需条件

北良“进境粮食示范港”复制推广包括货物品类推广和地域推广。货物品类推广条件是风险相对较低、口岸部门易于监管的大宗货物品类。地域复制推广需要当地政府与海关、检验检疫、边防、海事等口岸部门协同推进，对通关报检信息系统、全封闭机械化装卸转运体系、物联网化货品跟踪手段、无害化质检检疫技术、现代化查验场地等有较高要求。

14 创新案例十四：国际服务外包监管模式

14.1 案例概况

作为全国海关服务外包的试点单位，大连海关以服务产业发展、服务地方经济发展为己任，争做助推服务外包产业发展的创新先锋，主动创新适应其发展规律的智慧海关监管模式，服务外包保税监管政策惠及企业数及进出口业务量连续多年在全国保持绝对领先地位，“集约式保税孵化”与“服务外包手册”双轮驱动的服务效果明显。

14.2 评估方法

（1）政府部门访谈

2017年12月，多次重点与大连市海关的相关部门进行访谈，深入了解推出大连海关创新国际服务外包监管模式的背景、目标、创新内容及操作细则，从宏观层面了解落实效果，并收集相关资料和案例素材。

（2）对比分析法

对创新前后两种模式、操作方法及其优缺点进行比较，分析大连海关国际服务外包监管模式的创新性。

（3）专家评价法

邀请服务外包领域的专家，对国际服务外包监管模式的创新性和推广难易度进行打分评价。

14.3 创新性评估

针对国际服务外包监管的创新模式，从创新前后的对比、企业感知、专家评价等多维度进行创新评估。国际服务外包监管模式创新亮点如图 14-1 所示。

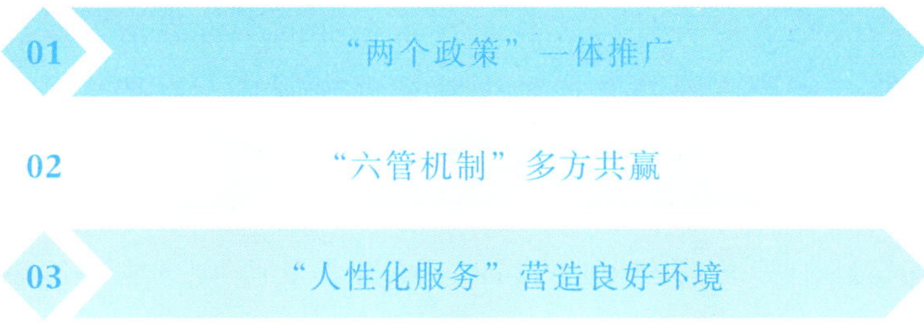

图 14-1 国际服务外包监管模式创新亮点

创新亮点

(1)“两个政策”一体推广

针对国际服务外包产业出台并完善相关政策体系：一是海关总署与商务部联合推出的国际服务外包业务进出口货物保税监管模式，即服务外包保税手册政策；二是全国唯一的比照特殊区域的保税政策，以大连国际服务外包保税研发测试中心（以下简称“中心”）为创新“试验田”，打造了适合服务外包产业发展的政策高地。

(2)“六管机制”多方共赢

大连海关以海关监管、政府参管、软件园经营企业协管、服务外包企业诚信自管、行业协会助管和信息围网管理的“六管机制”为基础，以集约孵化和培育高技术含量的中小国际服务外包研发测试企业为目的，创新建立了适应国际服务外包产业特点、高效便捷、环境友好、监管有效的新型海关监管模式，在确保国家对保税货物监管要求的基础上，实现“管得住、通得快”的监管目标。目前，中心规模不断扩大，形成了涵盖医疗健康、文印设备和汽车电子三大类别的研发测试业务。企业用工超过 1 500 人，全部为大学本科及以上学历。尽管受到企业进出口周期长及国际经济、政治形势和人民币升值等的影响，中心业务数据仍始终保持上升态势。企业在提升业务额和解决大学生就业方面均有 30% ~ 50% 的增长，并展现出良好的发展潜力。

(3)“人性化服务”营造良好环境

大连海关贴近服务外包等高新技术企业的个性发展需求，强化海关服务职能，运用高科技手段加强管理理念创新，营造最适合企业发展的服务环境，将单纯的监管技术观点升级为诚信主导监管模式，即以海关企业分类管理为基础，以必要的技术手段构建信息围网为辅助，以商会诚信规约强化行业自律，通过大数据共享，以企业诚信自管为主，海关通过必要的巡查、核查进行验证，按照“高诚信低配置（指辅助监管设施）、中诚信标配置、低诚信就出局”的标准开展监管，取得了动态、有效、人文的服务效果，收到了良好的经济效益和社会效益。

创新前后对比维度

国际服务外包监管模式创新前后对比见表14-1。

表14-1 国际服务外包监管模式创新前后对比

创新前		创新后	
模式	◇企业物流和通关成本高 ◇受技术经济型企业的条件限制 ◇大连海关过去的监管模式是“物理围网”	模式	降低了企业物流和通关成本；现在中心允许小企业进驻；实现了货物放开、企业自管，对高信用企业逐步取消了围网
缺点	◇办事程序复杂 ◇重复操作 ◇加大了时间成本	优点	◇提高了通关效率 ◇节约了时间成本

企业感知维度

通过与企业的深度访谈可知，他们对国际服务外包监管新模式感受度高，认为大连海关政策的配合度不断提升，为企业提供了全方位服务，其中软件开发企业受益最大。

专家评价维度

针对三个创新点，对比原有措施，利用专家评价法，以是国内领先做法、对原有做法大规模改进、功能性增强、改变了原有流程、更好地满足企业要求为指标，1～5分的分值表示从非常不同意向非常同意依次渐进，请5位专家按照实际情况打分，取平均分为最终的专家评价分值（见表14-2）。

表14-2 专家评分表

	国内领先做法	改进程度	功能性增强	改变了原有流程	更好地满足企业要求
“两个政策”一体推广	3.5	3.8	3.4	4.5	4.3
“六管机制”多方共赢	3.5	3.8	3.8	4.5	4.0
“人性化服务”营造良好环境	3.0	3.5	3.8	4.5	4.3

通过专家评价的分值可见，三个创新亮点中的“两个政策”一体推广得分为3.9分，“六管机制”多方共赢得分为3.92分，“人性化服务”营造良好环境得分为3.82分，表明创新性较高。

14.4 创新成效评估

主要创新成效

2001年3月至2016年，试点单位从5家增至9家，入驻企业总营业额达3.8亿元人民币，累计用工1 486人。2017年前8个月，大连海关共受理服务外包业务进出口报关单195票，货值248万美元。设立服务外包手册127本，备案金额96.3万美元，数量与金额稳占全国海关服务外包手册的半壁江山。

（1）降低企业物流和通关成本

中心内企业大通关时间相较于入驻前平均缩短2~4天，通关效率明显提高，报关时间缩短，便利性提高。以第一家进驻中心的柯尼卡美能达软件开发（大连）有限公司为例，2016年营业额达7 175万元，拥有员工330人；每年约节省流动资金和物流成本400万元。以前根据暂时进出口的政策，货物由无锡经过中国香港、日本进入大连需要一个月时间，现在得益于保税政策，可直接由无锡物流至大连，物流时间大大缩短。

（2）进一步为企业松绑

一是降低了准入门槛，过去受技术经济型企业的条件限制，现在中心允许小企业进驻。例如，软件研发企业柯尼卡美能达公司在选址时就充分考虑了大连软件园优质的人才资源、设备资源和大连海关的政策支持。二是政府服务方式创新。大连海关的监管方式从过去的“物理围网”向“信息围网”转变。为适应国际服务外包产业的新特点，将信息围网升级为“信用围网”，实现货物放开、企业自管，对高信用企业逐步取消了围网。

14.5 风险评估及防控措施

风险评估

由于还未得到海关总署的明确允许，存在享用特殊区域政策但不在特殊区域范围内的问题，使得创新国际服务外包监管模式的优势不能够完全发挥出来。

防控措施

全面完善政策上的支持，进一步建立以法治化、国际化、便利化为重心的营商环境，对试点企业、试点商品加强风险评估，加强执法协助与互助。

14.6 复制推广评估

复制推广价值

目前，相对于欧美市场，中国在软件研发和服务外包领域的竞争力较弱，且开展的城市还不多。与上海海关一年仅发布一本手册相比，大连海关在服务外包手册数量与备案金额方面均稳占全国海关服务外包手册的半壁江山。未来大连海关国际服务外包监管模式值得在全国试点城市率先推广。

复制推广评估

国际服务外包监管模式复制推广评估见表14-3。

表14-3　国际服务外包监管模式复制推广评估

推广价值	推广条件	推广难易度
◇提高通关效率，企业满意度高 ◇节约时间成本	◇海关总署的许可 ◇海关监管方式转型	4.2（较易推广）

国际服务外包监管模式的示范力和辐射力较强。为评价其推广难易度，仍利用专家评价法，以推广价值大、实施壁垒低、推广条件的可获性为指标，1～5分的分值表示从非常不同意向非常同意依次渐进，请5位专家按照实际情况打分，取平均分为最终的专家评价分值，得分越高表示越容易推广。经专家评价，推广难易度得分为4.2分，为较易推广。

15 创新案例十五：进出口货物通关“英特尔模式”

15.1 案例概况

大连海关积极依托辖区大型企业英特尔的规范管理和较高资信，充分利用其所在出口加工区B区拥有的海关特殊监管区域和自贸试验区双重政策优势，以企业需求为导向，专门针对英特尔进出口货物研究制定了全面压缩通关时间的贴身监管服务方案，努力打造便捷高效、低成本、可预期的通关环境。截至目前，通过综合叠加多项优惠政策，“英特尔通关模式”创建工作收效显著。

15.2 评估方法

（1）政府部门访谈

2017年12月，多次重点对大连市海关的相关部门进行访谈，深入了解推出“英特尔模式”的背景、目标、创新内容及操作细则，从宏观层面了解落实效果，并收集相关资料和案例素材。

（2）对比分析法

对创新前后两种模式的操作方法及优缺点进行比较，分析“英特尔模式”的创新性。

（3）专家评价法

邀请国际贸易领域的专家对“英特尔模式”的创新性和推广难易度进行打分评价。

15.3 创新性评估

针对“英特尔模式”的通关便利化创新，从创新前后对比、企业感知、专家评价等多维度进行评估。

创新亮点

（1）“1+3+5”雁形阵式创新服务体系

雁形阵式创新服务体系如图15-1所示。

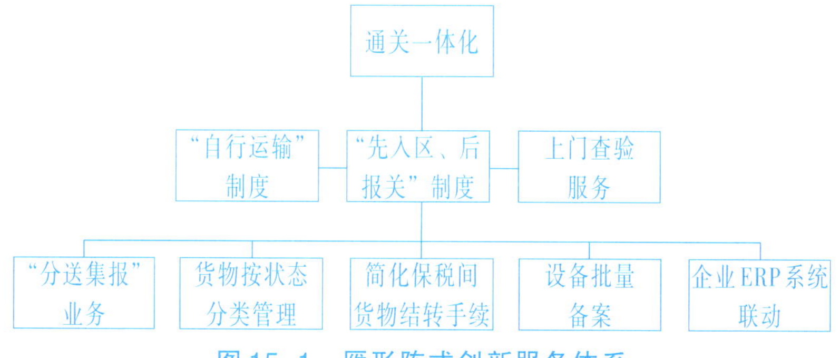

图15-1 雁形阵式创新服务体系

口岸货物通关一体化省去了烦琐的转关操作，货物直接运回工厂，该举措使英特尔TPT货物流转速度提升了20%。

“自行运输”和“先入区、后报关”制度加快了区内物流速度。上门查验服务使货物入区时间由30小时缩短到5小时。

“分送集报”业务、货物按状态分类管理、简化保税间货物结转手续、设备批量备案和企业ERP系统联动等5项措施优化了货物国内流转及加工贸易审批手续。

（2）海关监管三大转型

海关通过再造通关流程，推动信息流和货物流分别监管，并把管理要求顺势嵌入货物国际物流运转链条，共同实现海关监管与国际物流各环节的有机衔接，实现“嵌入式监管”。

海关更加突出企业的市场主体地位，将企业作为海关治理体系的重要成员；不断深化“放管服”改革，通过进一步取消行政审批事项、加强事中事后管理、优化内部核批等手段激发企业活力，实现“合作式监管”。

通过科技创新逐步打造智慧型海关，打破海关“物理围网”，减少监管对企业运营的影响，切实做到既“管得住”又“通得快”，实现“触发式监管”。

海关监管三大转型如图15-2所示。

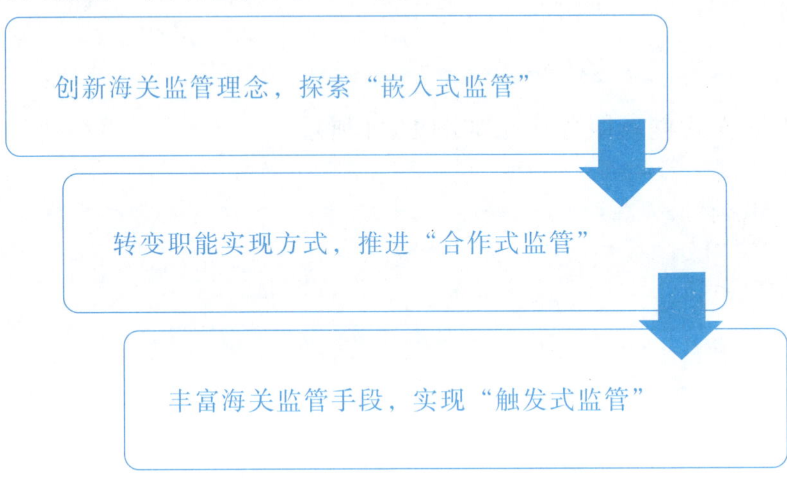

图15-2 海关监管三大转型

创新前后对比维度

“英特尔模式”创新前后对比见表15-1。

表15-1 “英特尔模式”创新前后对比

创新前		创新后	
模式	在传统海关监管工作中，业务条线的“蜂窝煤”现象比较突出，申报、转关、查验、放行、加工贸易备案、核销、稽核查等海关基础作业环节普遍存在手续烦琐、效率较低等问题，各业务节点均在一定程度上对货物的顺畅流转产生了阻滞和隔断	模式	海关针对企业和产品的特点量体裁衣，制定通关和监管方式。通过政策叠加，在业务条线的各个环节降低企业时间成本
缺点	◇办事程序复杂 ◇重复操作 ◇加大了时间成本	优点	◇提高了行政服务效率 ◇信任放行，集中办理，避免重复 ◇节约了时间成本

企业感知维度

通过对企业的深度访谈发现，他们对“英特尔模式”的感受度高，认为大连海关的合作型服务意识大幅度提升，大大节约了企业的时间成本。其中，企业感受最深的是“英特尔模式”使企业的通关时效提高了20%。二期项目从宣布到合格产品认证仅用了8个月时间，在英特尔全球工厂内创下了投产新项目速度最快的纪录。

专家评价维度

针对两大创新点，对比原有措施，利用专家评价法，以是国内领先做法、对原有做法大规模改进、功能性增强、改变原有流程、更好地满足企业要求为指标，1～5分的分值表示从非常不同意向非常同意依次渐进，请5位专家按照实际情况打分，取平均分为最终的专家评价分值（见表15-2）。

表15-2 专家评分表

	国内领先做法	改进程度	功能性增强	改变原有流程	更好地满足企业要求
“1+3+5”雁形阵式创新服务体系	4.2	4	3.4	4	4.3
海关监管三大转型	3.5	3.8	3.2	3.5	3.8

通过专家评价分值可见，三个创新亮点中的“1+3+5”雁形阵式创新服务体系的得分为3.98分，海关监管三大转型的得分为3.56分，表明创新性较高。

15.4 创新成效评估

主要创新成效

主要创新成效表见表15-3。

表15-3 主要创新成效表

适用阶段	措施名称	成效
一线进出境	通关一体化	TPT货物流转速度提升20%
入区后	自行运输	大幅节省用车成本，方便灵活
	先入区、后报关	货物24小时不间断入区，每年节省操作时间近2万小时
	上门查验	货物入区时间由30小时缩短到5小时
二线进出区	分送集报	每年减少申报次数9 200次
	货物分类管理	免于报关，加快二期项目建设进度
	保税间货物结转	单票货物运输时间由5天缩短到2天，时效提高一倍，每年节省资金超过150万元
	备案审批前置	即来即办、即办即走
	ERP联动	部分辅料根据企业数据快速核销

大连海关量体裁衣的“英特尔模式”不仅节约了企业的时间成本，还提高了企业对大连地区的信心。2016年，英特尔公司在大连新增投资104亿元，同比增长11.3倍；2017年至今进口报关单达14 365票，同比增加1.2倍，金额达28.5亿美元，同比增长17.5倍；出口报关单达6 139票，同比增长20%，金额达9.8亿美元，通关时效提高20%。

15.5 风险评估及防控措施

风险评估

一方面，海关少干预是以企业提高守法水平和管理能力为前提的。“英特尔模式”不仅要求海关切实转变监管方式、理念和手段，也要求企业加强对自身的管理，否则通关便利化难以实现。另一方面，服务于该模式的信息化基础设施建设还有待完善，海关特殊监管区域辅助管理系统、物流监控系统等软件设施和平台有待升级改造。

防控措施

海关加强对区内高资信企业的认证，在加强自身监管转型的同时，积极督促企业加强管理。此外，为充分发挥“英特尔模式”的优势，应加快完善信息化基础设施建设，以信息流服务物流。

15.6 复制推广评估

复制推广价值

“英特尔模式”应被打造成为整个关区提升企业通关效率的“样板间”，并将成功经验推广到自贸区内所有的高资信企业，从而为企业提供优惠政策叠加，打造通关高速公路，使定制服务、快速通关成为辖区企业不断发展壮大的新引擎。

复制推广评估

“英特尔模式”复制推广评估见表15-4。

表15-4 “英特尔模式”复制推广评估

推广价值	推广条件	推广难易度
◇企业满意度高 ◇节约时间成本	◇依托信息化基础设施 ◇海关监管方式转型 ◇企业自身加强管理	4（较易推广）

“英特尔模式”作为大连海关的一项重要创新举措，示范力和辐射力较强。为评价其推广难易度，仍利用专家评价法，以推广价值大、实施壁垒低、推广条件的可获性为指标，1～5分的分值表示从

非常不同意向非常同意依次渐进，请5位专家按照实际情况打分，取平均分为最终的专家评价分值，得分越高表示越容易推广。经专家评价，推广难易度得分为4分，为较易推广。

16 创新案例十六：加工贸易企业“单耗自核”

16.1 案例概况

单耗是海关加工贸易监管的重要管理指标，是指每个产品生产过程中需要消耗的原材料、零部件等的数量。为持续深化加工贸易业务改革，鼓励加工贸易企业强化对自身的规范管理，从2016年开始，大连开发区海关选取企业开展“单耗自核”业务。“单耗自核”改变了以往单耗核定的方法和流程，以企业守法自律为基础、海关加强事中事后监管为保障，允许企业自主核定商品单耗。开展“单耗自核”业务以来，企业运行负担降低、管理水平大幅提升，取得了一定的积极成效。

16.2 评估方法

（1）政府部门访谈

2017年12月，多次重点对大连市开发区海关相关部门和多家开发区加工贸易企业进行访谈，深入了解推出“单耗自核”业务的背景、目标、创新内容及操作细则，从宏观层面和企业微观层面了解落实效果，并收集相关资料和案例素材。

（2）专家评价法

邀请企业生产管理领域的专家，对“单耗自核”模式的创新性和推广难易度进行打分评价。

（3）对比分析法

对推行“单耗自核”业务前后两种境况、操作方法及其优缺点进行比较，分析针对加工贸易企业施行“单耗自核”业务的创新性。

16.3 创新性评估

针对加工贸易企业“单耗自核”的创新模式，从创新前后对比、企业感知、专家评价等多维度进行评估。

创新亮点

加工贸易企业“单耗自核”新模式创新亮点如图16-1所示。

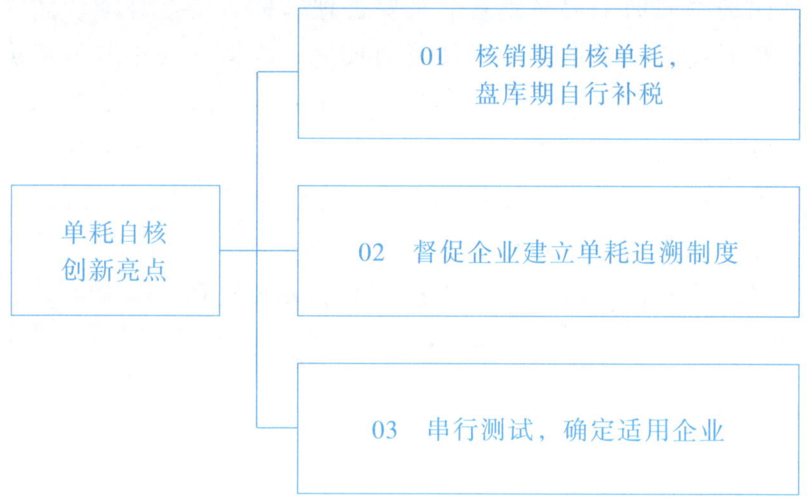

图16-1 加工贸易企业“单耗自核”新模式创新亮点

(1) 核销期自核单耗，盘库期自行补税

加工贸易企业根据其实际生产情况，在手册或者电子账册执行中，自主核定保税进口料件的耗用量，在手册或者电子账册报核前向海关如实申报单耗，并将盘库补税节点后延，由手册核销延至会计盘库期；在会计盘库期与实际库存进行比对，确定库亏库赢并及时报告海关，库赢能够提供正当理由的，海关允许其自行进行补税处理。

(2) 督促企业建立单耗追溯制度

申请“单耗自核”的加工贸易企业应建立完备的单耗追溯制度，能够反映各生产环节中的领料、耗料、退料和入库情况，实现单耗计算功能的具体方法以及由成品追溯单耗的途径。企业应对加工贸易货物实行全过程管控，真实、完整、清晰地记录物料进出情况，规范财务管理，实现单证流、货物流、资金流、信息流的相互印证。

(3) 串行测试，确定适用企业

加工贸易监管部门负责筛选适用“单耗自核”方式的加工贸易企业，对提交试点申请的企业展开串行测试，对企业的信用状况、财务状况、生产工艺、管理规范、违规违法等各种信息展开综合测评，企业资质审核达标之后可开展“单耗自核”业务。

创新前后对比维度

“单耗自核”模式创新前后对比见表16-1。

表16-1 “单耗自核”模式创新前后对比

创新前		创新后	
模式	在常规加工贸易管理模式下，开展加工贸易的企业需要向海关申报每件产品的单耗，海关对企业申报的单耗核定后，对手册进行核算核销	模式	以企业守法自律为基础、海关加强事中事后监管为保障，允许企业自主在会计盘库期核定商品单耗，并向海关提交核销手册，自行补税
缺点	◇依据海关时间节点核定单耗，妨碍正常生产经营 ◇企业事先核定单耗困难 ◇加大了时间成本	优点	◇减轻了企业运行负担 ◇提升了企业管理水平 ◇激发了加工贸易企业的生产灵活性 ◇海关监管有效性得到了保证

企业感知维度

通过对开发区加工贸易企业的深度访谈发现，他们对“单耗自核”新模式感受度高，认为大连开发区海关及相关部门服务意识大幅度提升，为企业核销单耗提供了全方位指导服务，明显提高了监管水平，大大节约了企业的生产成本和核算单耗时间。

专家评价维度

针对3个创新点，对比常规加工贸易管理模式，利用专家评价法，以是国内领先做法、对原有做法大规模改进、功能性增强、改变原有流程、更好地满足企业要求为指标，1～5分的分值表示从非常不同意向非常同意依次渐进，请5位专家按照实际情况打分，取平均分为最终的专家评价分值（见表16-2）。

表16-2 专家评分表

	国内领先做法	改进程度	功能性增强	改变原有流程	更好地满足企业要求
核销期自核单耗，盘库期自行补税	3.5	3.8	3.4	4.5	4.3
督促企业建立单耗追溯制度	3.5	3.8	3.8	4.5	4.0
串行测试，确定适用企业	3.0	3.5	3.8	4.5	4.3

通过专家评价分值可见，3个创新亮点中的“核销期自核单耗，盘库期自行补税”得分为3.90分，“督促企业建立单耗追溯制度”得分为3.92分，“串行测试，确定适用企业”得分为3.82分，表明创新性较高。

16.4 创新成效评估

主要创新成效

自大连开发区海关正式推行“单耗自核”业务以来，实施单耗自核业务的企业原有5家，因企业有违规情事注销1家，又有21家企业递交了“单耗自核”试点申请，其中12家完成了评估并通过串行测试，其余正在核实企业资质，在此基础之上又与另外20多家企业就“单耗自核”业务展开接洽。开发区加工贸易企业实现了“三提三降”：单耗核销效率提高、单耗核销流程提速、企业管理水平提升，单耗不实降低、生产成本降低、经济损失降低（如图16-2所示）。

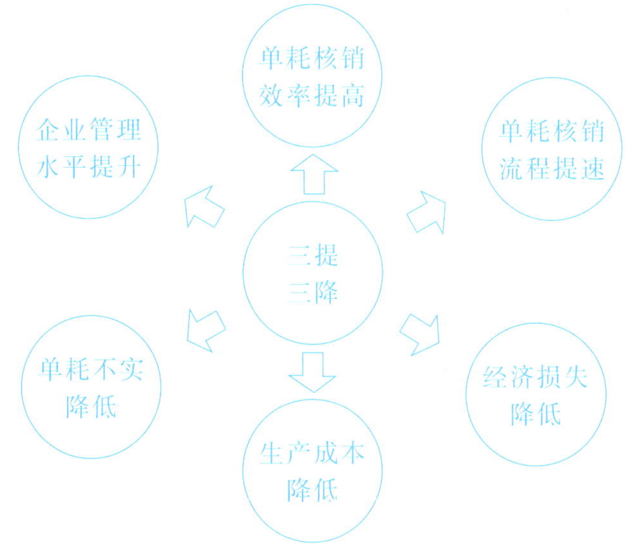

图16-2 加工贸易企业“单耗自核”的“三提三降”成效

16.5 风险评估及防控措施

风险评估

部分企业存在加工贸易违规行为，如对保税料件的串换、倒卖、转让等，并且部分企业从自身利益出发，在开展“单耗自核”业务时，有倾向于逃避和作假的可能性。

防控措施

海关管理由以事前审核为主转向以事中抽查、事后监控为主。海关加大稽查力度，重点查验企业是否存在加工贸易违规行为。若经查确系存在违规行为，按相关规定处理并使企业承担起主体责任。稽查部门对已入选企业进行抽核，对不符合要求的企业提出退出意见。

16.6 复制推广评估

复制推广价值

“单耗自核”改变了以往单耗核定的方法和流程，企业自主核定商品单耗，使企业的运行负担降低、管理水平大幅提升，激发了加工贸易企业的生产灵活性并使海关监管的有效性得到保证与提升，“单耗自核”取得的积极成效值得推广。

复制推广评估

加工贸易企业“单耗自核”复制推广评估见表16-3。

表16-3 加工贸易企业“单耗自核”复制推广评估

推广价值	推广条件	推广难易度
◇企业“单耗自核”效率明显提升，核销流程加快，企业满意度高 ◇节约了时间与生产成本 ◇减少了经济损失并提升了国际信誉	◇企业资信良好 ◇企业串行测试资质审核通过 ◇海关“单耗自核”新政推广落实到位	4.5（较易推广）

加工贸易企业“单耗自核”作为大连开发区海关推行的一项重要创新举措，其示范力和辐射力较强。为评价其推广难易度，仍利用专家评价法，以推广价值大、实施壁垒低、推广条件的可获性为指标，1～5分的分值表示从非常不同意向非常同意依次渐进，请5位专家按照实际情况打分，取平均分为最终的专家评价分值，得分越高表示越容易推广。经专家评价，推广难易度得分为4.5分，为较易推广。

17 创新案例十七：“一对一”协调员制度

17.1 案例概况

为落实海关“由企及物”的监管理念，推进海关与企业的合作伙伴关系，有效提高海关管理效能，助力企业自律和合规经营，大连海关对自贸区内的高资信企业全面落实协调员制度，打造海关服务“私人定制”，即“一对一”协调员服务。该制度的深入实施，提高了企业的通关效率，为企业节约了运营实操成本，并促进企业管理走向规范、高效，有力地提升了企业竞争力、影响力和品牌形象。

17.2 评估方法

（1）对海关部门及部分企业访谈

2017年12月，多次重点对大连市海关企业管理处和相关企业进行访谈，深入了解制定“一对一”协调员制度的背景、目标、创新内容及操作细则。通过收集相关数据资料和案例素材，分别从宏观和微观两个层面了解落实效果。

（2）对比分析法

对制度实施前后企业通关效率、海关管理效能及关企合作氛围进行比较，分析“一对一”协调员制度的创新性和有效性。

（3）专家评价法

邀请海关管理领域的专家，对“一对一”协调员制度的创新性和推广难易度进行打分评价。

17.3 创新性评估

针对海关“一对一”协调员制度，从创新前后对比、企业感知、专家评价等多维度进行评估。

创新亮点

“一对一”协调员制度的创新亮点如图 17-1 所示。

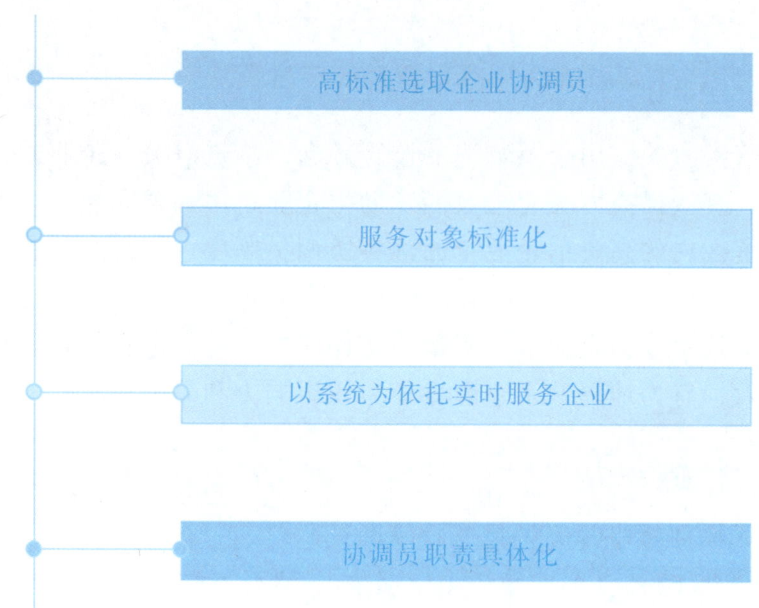

图 17-1 “一对一”协调员制度的创新亮点

（1）高标准选取企业协调员

按照“政治思想硬、业务水平高、协调能力强、纪律作风好”的标准，选取企业协调员，并在大连海关企业管理处备案。

（2）服务对象标准化

选取大连自贸区内的高级认证企业作为企业协调员的服务对象，这也是落实 AEO 制度、给予高级认证企业优惠便利措施中的一项具体工作。

（3）以系统为依托实时服务企业

利用关企合作平台、备案企业协调员及企业相关信息，确保“一对一”服务及时有效；同时，大连海关企业管理处设专人负责定期维护平台，确保双方沟通畅通，及时接收、处理反馈的相关问题。

（4）协调员职责具体化

企业协调员应为合作企业提供海关政策、法规咨询服务，根据海关的工作需要和合作企业的需求组织开展政策宣讲；听取和反映合作企业的合理诉求，协调解决合作企业办理海关事务的疑难问题；针对合作企业存在的问题，提出规范管理建议；征求合作企业对海关管理工作的意见与建议；督促合作企业积极配合海关工作；负责关企合作的其他事宜。

创新前后对比维度

"一对一"协调员制度实施前后对比见表17-1。

表17-1 "一对一"协调员制度实施前后对比

制度实施前		制度实施后	
模式	通关企业需多次到企业管理处询问通关及企业管理的相关事宜，每次都需要重新介绍企业信息等具体情况	模式	利用关企合作平台，实现关企线上实时交流，确保双方沟通畅通，及时接收、处理反馈的相关问题
缺点	◇重复操作 ◇加大了时间成本 ◇沟通效率低	优点	◇提高了行政服务效率 ◇节约了时间成本 ◇关企沟通及时有效

企业感知维度

通过对企业的深度访谈发现，他们对海关"一对一"协调员制度的感受度高，认为该制度大大提高了企业通关效率，为企业节约了运营实操成本和时间成本，并促进企业管理走向规范、高效，有力地提升了企业竞争力、影响力和品牌形象。

专家评价维度

针对4个创新点，对比原有措施，利用专家评价法，以是国内领先做法、对原有做法大规模改进、功能性增强、改变原有流程、更好地满足企业要求为指标，1～5分的分值表示从非常不同意向非常同意依次渐进，请5位专家按照实际情况打分，取平均分为最终的专家评价分值（见表17-2）。

表17-2 专家评分表

	国内领先做法	改进程度	功能性增强	改变原有流程	更好地满足企业要求
高标准选取企业协调员	3.0	4.0	3.8	4.0	4.3
服务对象标准化	3.5	3.8	3.7	4.5	4.2
以系统为依托实时服务企业	3.8	3.5	4.0	4.5	4.5
协调员职责具体化	3.5	4.0	3.8	4.3	4.0

通过专家评价分值可见，4个创新亮点中的高标准选取企业协调员得分为3.82分，服务对象标准化得分为3.94分，以系统为依托实时服务企业得分为4.06分，协调员职责具体化得分为3.92分，表明创新性较高。

17.4 创新成效评估

主要创新成效

自海关“一对一”协调员制度实施以来，自贸区共有44家高资信企业享受了企业协调员式的服务，共开展政策宣讲5次，解决海关事务疑难问题4个，对企业提出整改意见23个，征求海关管理意见、建议2个。以上数据表明，关企合作关系正处于一个良好的起步阶段。

该制度已经取得四个方面的成效：

（1）企业获得了切实有效的服务方案。驻保税区办事处发挥企业协调员的制度优势，紧密加强协调员与合作企业的联系、沟通，通过企业走访调研、召开定期协调会等形式听取和反馈企业的需要，协调解决具体问题，积极回应企业简化海关手续、降低成本的诉求，并在自贸区推进保税展示、委内加工等改革工作的积极作用，为辖区高资信企业提供贴身监管服务。

（2）高级认证企业接受的服务水平有所保障。大窑湾海关指定专人担任高级认证企业协调员，努力提高对自贸区内高级认证企业的服务水平。

（3）高级认证企业海关事务顺畅。营口海关对自贸区内一家高级认证企业实施协调员制度，指定专人负责协调海关事务，目前该企业开展保税业务和一般贸易进口业务的年贸易额达7 500万美元，海关相关事务顺畅。

（4）部分区域企业协调员服务扩大至一般信用企业。营口海关还将企业协调员式的贴心服务扩大至一般信用企业，目前已同营口自贸区管委会共同推介海关信用认证制度，积极提供信用培育和咨询服务。

17.5 风险评估及防控措施

风险评估

在协调员对企业"一对一"服务的过程中，由于涉及多方面业务知识，可能会出现协调员无法全面解答所对应企业的问题。

防控措施

在关企合作平台上，开放自由问答模块。当某企业对应的协调员无法解答他们遇到的疑问时，就在自由问答模块抛出问题，其他协调员就可以帮助解答。

17.6 复制推广评估

复制推广价值

“一对一”协调员制度的实施有效地提高了企业通关效率，为企业节约了运营实操成本，并促进了企业管理走向规范、高效，能够有力地提升企业竞争力、影响力和品牌形象。

复制推广评估

“一对一”协调员制度复制推广评估见表17-3。

表17-3 “一对一”协调员制度复制推广评估

推广价值	推广条件	推广难易度
◇企业通关效率明显提升 ◇节约运营实操成本 ◇节约时间成本	◇依托关企合作平台 ◇服务对象标准化 ◇协调员职责具体化	4.3（较易推广）

“一对一”协调员制度作为自贸区的一项重要创新举措，示范力和辐射力较强。为评价其推广难易度，仍利用专家评价法，以推广价值大、实施壁垒低、推广条件的可获性为指标，1～5分的分值表示从非常不同意向非常同意依次渐进，请5位专家按照实际情况打分，取平均分为最终的专家评价分值，得分越高表示越容易推广。经专家评价，推广难易度得分为4.3分，为较易推广。

18 创新案例十八：检验检疫期货贸易监管新机制

18.1 案例概况

创新背景

我国是世界第一大豆进口国，2017年进口量超过9 000万吨。由于国际市场大豆贸易价格长期受美国芝加哥期货市场左右，我国国际大豆贸易定价权和影响力严重缺失，进口加工大豆企业长期受国际资本打压，特别是在国际资本操纵大豆期货价格情况下，我国大豆加工行业长期遭受严重亏损。

针对这一严峻形势，辽宁出入境检验检疫局在国家质检总局的支持下，在确保国门生物安全的基础上，有针对性地出台了“审批多向灵活、市场交易自由、全程信息监管”等5项检验检疫监管改革措施，支持推动大连商品交易所推出“黄大豆2号”期货交易品种。这对于激活我国进口大豆期货贸易市场，助力我国企业夺取大豆贸易国际话语权和定价权，保障国家粮食安全、推进人民币国际化具有重要意义。“黄大豆2号”期货1805新合约已于2017年5月31日正式挂牌上市，成交持仓稳步增长，初步呈现出活跃迹象。

创新过程

针对大连商品交易所（以下简称“大商所”）的进口大豆期货交割业务自2005年启动以来呈现长期低迷的严峻形势，辽宁出入境检验检疫局会同大商所联合开展“大连商品交易所进口大豆期货交割相关问题研究”课题研究，系统梳理相关法律法规对进口大豆现货贸易和期货交割的影响，精准定位关键性制约因素，充分论证监管机制改革措施，为协同创新实践奠定坚实基础。

在此基础上，辽宁出入境检验检疫局向国家质检总局报送关于大商所进口大豆期货交割检验检疫支持措施的请示，提出增设期货交割库、开设便捷通道、开展数据分析等修订《进口大豆期货交割检验检疫监督管理要求（试行）》的系列建议，获得国家质检总局的认可和大力支持。在中国（辽宁）自由贸易试验区获得国务院批复设立背景下，辽宁出入境检验检疫局利用深化改革、扩大开放的契机，对标中国（辽宁）自由贸易试验区总体方案中关于政府职能转变、投资贸易便利化等重点任务，进一步细化和完善监管机制创新措施，提出和实施“加快检疫审批、变更检疫许可、允许流向转化、增设期货交割库、研发电子监管系统”五项具体措施，实现进口大豆“交叉流向”的柔性监管，使“黄大豆2号”期货1805新合约顺利实现上市交易，并保持成交持仓稳步增长，呈现不断活跃的积极态势。

创新举措

辽宁出入境检验检疫局为活跃进口大豆期货交易实施的创新性监管措施包括：

◈ 允许企业利用期货交割库仓容，办理期货产品检疫许可，从而扩大期货交割主体范围。

◈ 允许在期货交割与加工原料之间快速变更检疫许可证，从而提升可供交割量。

◈ 允许进口后供加工用库存产品转化为期货产品，从而使中小企业也能够顺畅地参与交割。

◈ 增设期货指定交割仓库，从而将交割区域扩大到全国主要沿海沿江省份。

◈ 充分利用期货监管系统加强监管。简化产品流向变更手续，以便实现进口产品参与期货交割，包括办理期货许可证、将加工许可证变更为期货许可证、将在库产品的加工用途变更为期货用途、实现期货产品的货权贸易等。

创新成效

辽宁出入境检验检疫局的创新性监管改革措施，在有效防范外来有害生物传入风险、引导企业有序进口大豆、活跃大豆期货交割市场等方面形成了突出的示范效应，获得了国家质检总局的高度认可和大力支持，间接推动了国家质检总局动植司向各直属检验检疫局及大商所下发《关于试行进口大豆期货交割检验检疫监管改革措施的通知》，修订了原《进口大豆期货交割检验检疫监督管理要求》。同时获得国家质检总局进一步信任和支持，明确提出请辽宁检验检疫局会同大商所尽快组织做好“进口大豆期货交割监管信息系统”的路演，并进一步研发优化该信息系统。

辽宁出入境检验检疫局的创新性监管改革措施在活跃大豆期货交割市场方面的创新成效尤为明显。“黄大豆2号”1805新合约自2017年5月31日挂牌上市以来，运行情况平稳，价格贴近远期现货价格，成交规模逐渐提升，持仓规模稳步增长。具体表现如下：

◇ 合约价格贴近远期现货价格。自上市交易至2017年12月15日，1805新合约的交易价区间为3 163～3 388元/吨，结算价区间为3 183～3 348元/吨，贴近2018年5月抵港的巴西大豆现货报价区间，期货市场价格发现功能逐步恢复。

◇ 合约成交规模逐渐提升。自上市交易至2017年11月30日，1805新合约单日最高成交量3 372手，日均成交量465手；自2017年12月1日至15日，单日最高成交量1 800手，日均成交量1 089手；而2006年初至1805新合约上市前，05合约单日最高成交量928手，日均成交量27手。

◇ 合约持仓规模稳步增长。自上市交易至2017年11月30日，1805新合约单日最高持仓量12 310手，日均持仓量2 558手；自2017年12月1日至15日，单日最高持仓量12 194手，日均持仓量11 311

手；而2006年初至1805新合约上市前，05合约持仓量最大值498手，日均持仓量54手。

18.2 评估方法

根据本创新案例牵涉部门较多、历史时间较长、协同特征明显的实际情况和特殊性，第三方评估单位经审慎研究确定通过对创新主体单位和相关部门采用深度访谈方式进行整体实质性评估。在实施评估过程中，与辽宁出入境检验检疫局、大商所等单位的相关人员进行深度访谈，调取查阅与本创新案例相关的重要文件，全面、系统了解进口大豆检验检疫监管改革措施创新的总体过程及后续方向，切实掌握该创新案例中创新举措的体系、构架和内容，并在此基础上结合中国（辽宁）自由贸易试验区总体方案中的重点任务和明确要求进行相关性、创新性和成效评估。

18.3 创新性评估建议

经充分交流、审慎论证，评估专家组一致认为本创新案例整体创新性突出、创新举措扎实可靠、创新意义和示范作用显著。创新性评估建议归结如下：

◈ 实现行政审批环节的改进性创新。允许企业利用期货交割库仓容办理期货产品检疫许可和允许在期货交割与加工原料之间快速变更检疫许可证，充分体现出检验检疫部门在行政审批环节的执法过程中，方式方法更加灵活、便利、迅捷，相对于原有行政审批规范，范围和时效上都进行了大幅度的改进，对实现进一步的贸易便利化贡献突出。

◈ 实现监管流程的原创性创新。允许将加工许可证变更为期货许可证、允许将在库产品的加工用途变更为期货用途等创新举措，在使进口大豆有序分流为两个方向的同时，也能实现现货加工流向和期货交割流向的交叉，在此基础上对两个流向进行完备的交叉监管，实现了对原有的进口大豆单一流向监管机制的巨大突破，是满足大商所市场需求的针对性创新，在监管流程方面具有明确的原创属性和应用意义。

◈ 实现风险防控环节的基础性创新和改进性创新。行政审批环节的放开和便利化、监管流程的改变和复杂化对检验检疫部门的风险防控提出了更高要求，具体表现为风险防控链条拉长、防控点增加、防控即时性要求更高，原有以纸质单证查验确认为主的风险防控方式已不能满足监管要求。“进口大豆期货交割监管信息系统”的研发、应用和完善，是针对这一风险防控要求变化在技术应用上的基础性创新，不但可以实现全过程实时监管，而且大大提高了风险防控信息的响应时效，因此也是对原有风险防控方式、方法的改进性创新。

18.4 创新成效评估

◈ 切实落实政府职能“放管服”深化改革要求，推动检验检疫监管制度进行局部创新和优化。辽宁出入境检验检疫局的创新性监管改革措施，获得国家质检总局高度认可和大力支持，间接推动了原有《进口大豆期货交割检验检疫监督管理要求》等相关监管规范的修订和优化，已经事实上落实政府职能转变、贸易便利化等自贸试验区制度创新任务和要求。

◈ 有效激活进口大豆期货交割市场，为促进金融制度创新和东北老工业基地振兴提供市场基础。2017年5月31日修改后的“黄大豆2号”1805新合约在大商所挂牌上市后，价格贴近远期现货价格、成交规模逐渐提升、持仓规模稳步增长等活跃的运行表现，说明辽宁出入境检验检疫局的创新性监管改革措施有效支撑了大商所期货新品种、新市场的成长，为中国（辽宁）自由贸易试验区的金融制度创新和激发东北老工业基地的市场活力提供切实保障。

◈ 创新举措示范作用明显，有力促动全国范围内相关领域的制度创新。辽宁出入境检验检疫局的创新性监管改革措施，使全国范围内增设交割库需求明显增加，已切实展现创新举措的辐射作用，促进相关改革措施在全国各地的深入推进。目前已完成辽宁、上海、山东、江苏等地进口期货大豆交割库的考核工作。推荐大连港、营口港、青岛港等10个口岸作为进口期货大豆口岸；考核通过中国华粮物流集团北良有限公司、大连港股份有限公司等6个进口大豆期货交割库；选定600余家进口期货大豆指定加工厂。近期对天津、广东等地交割库开展了考核，并作为第二批交割库上报国家质检总局，使交割区域扩大到更多沿海主要粮食进境口岸。

18.5 风险评估

辽宁出入境检验检疫局的创新性监管改革措施在风险防控方面，功能预设周密、流程优化严谨、改进方向明确，表现出制度创新和风险防控的高度协调统一，并已成为创新举措的主要特点之一，因此相关创新举措总体上风险可控，安全性良好。

18.6 复制推广可行性评估

◈具备较高复制推广价值

辽宁出入境检验检疫局的创新性监管改革措施，不仅对于在我国全国范围内活跃进口大豆期货交割市场具有十分重要和积极的直接作用，而且已紧密对接国家质检总局相关管理规范的优化进程，因此具有明显的可复制推广前景，并对其他类别进口粮食检验检疫监管措施改革和相关金融制度创新具有间接性的借鉴意义。

◈复制推广所需条件

辽宁出入境检验检疫局的创新性监管改革措施的复制推广，需要所在区域具备符合条件的粮食进境口岸，并有条件满足修订后的进口大豆期货交割检验检疫监督管理规范中对于期货交割库的确定、检疫许可及流向变更手续、进入和调出期货交割库等相关监管要求，同时相关信息化监管基础和条件需要进行相应改善。

19 创新案例十九：检验检疫行政执法全过程记录集成体系

19.1 案例概况

案例描述

推行行政执法全过程记录制度是党中央、国务院的重要改革部署，是完善执法程序、强化执法监督、提高执法能力的一项重要举措，对促进严格规范公正文明执法，保障和监督行政机关有效履行职责，维护人民群众合法权益，具有重要意义。

辽宁大窑湾出入境检验检疫局（以下简称大窑湾局）依托落实行政执法全过程记录制度试点工作的契机，结合多年一线实践积累和信息化建设成果，通过建立“制度规范、智慧支撑、监督回溯”三大体系，构建出集“双随机抽查、无纸化作业、菜单式执法、风险预警、失信惩戒、数据分析、港检联动”等功能于一体的创新性行政确认执法全过程记录模式，对口岸查验单位履职把关、优化营商环境、服务经济发展、探索建设自由贸易港都具有典型的示范意义和推广价值。

操作方法

◇ 建立制度规范体系。全面梳理检验检疫执法依据、执法流程和执法文书，结合执法需求，制定1部方案、3个细则、14套标准化作业指导书；依据行政确认执法风险和业务实际，明确并规范了6种常态化全过程记录方式及内容，实现了全程记录的规范、统一。

◇ 建立智慧支撑体系。应用互联网、大数据、云计算等技术手段，构建“申报无纸化-抽查随机化-作业标准化-记录电子化-监督可视化-放行自动化”的全过程记录模式和网上办理通道。

◇建立监督回溯体系。通过自主研发的“执法全过程记录管理系统”形成执法行为监督回溯体系，自动收集、汇总、保存执法各环节电子记录信息，保证执法记录真实、准确、完整和不可删改，通过监督回溯体系确保执法记录可回溯、执法责任可追溯。

创新亮点

◇检验检疫监管与互联网先进技术深度融合创新。该模式将大数据、云计算、互联网+等技术融入检验检疫工作的全流程、全领域，视角新颖、构架完整，为检验检疫改革创新提供思路和想法。

◇深化“放管服”改革，形成事中、事后监管方式的基础性创新。行政执法全过程记录贯穿检验检疫监管各环节，有效地实现了风险预警、监督回溯、失信惩戒的全链条监管。

◇建立标准化的行政执法全过程记录规范。在企业申报、现场查验等环节实行标准化作业、菜单式执法和记录清单制度。

◇推进各执法部门信息“互联互通互用”。同海关、海事、港口等部门建立高效信息采集共享机制。

简要效果

2017年9月，大窑湾局作为国家质检总局唯一代表，参加国务院法制办召开的行政执法三项制度试点工作中期推介会，并作“行政确认执法全过程记录制度试点”案例展示。国家质检总局支树平局长、秦宜智副局长、辽宁省政府副省长王大伟先后在试点工作报告上做出重要批示。

19.2 评估方法

◇深度访谈法。对大窑湾局相关人员进行深度访谈，了解检验检疫行政执法全过程记录制度创新体系、构架、内容。

◇ 专家打分法。对各创新分项进行专家打分，通过加权平均法计算总分，分项和总分均以5分为满分。

19.3 创新性评估

大窑湾局检验检疫执法全过程记录集成体系，构建内外执法联动体系和“菜单式”执法模式，在记录执法全过程的同时极大地规范执法行为，提升了执法效能，压缩了通关时间，为打造便利化的口岸执法环境以及中国（辽宁）自由贸易试验区大连片区营造法治化营商环境奠定基础。经专家打分评估，检验检疫执法全过程记录集成体系创新性评价如下：创新集成性为4.94分，提高执法效能为4.91分，压缩通关时间为4.92分，贸易便利化为4.89分，推动贸易发展为4.88分，创新综合评价得分4.91分，检验检疫行政执法全过程记录集成体系创新性显著（如图19-1所示）。

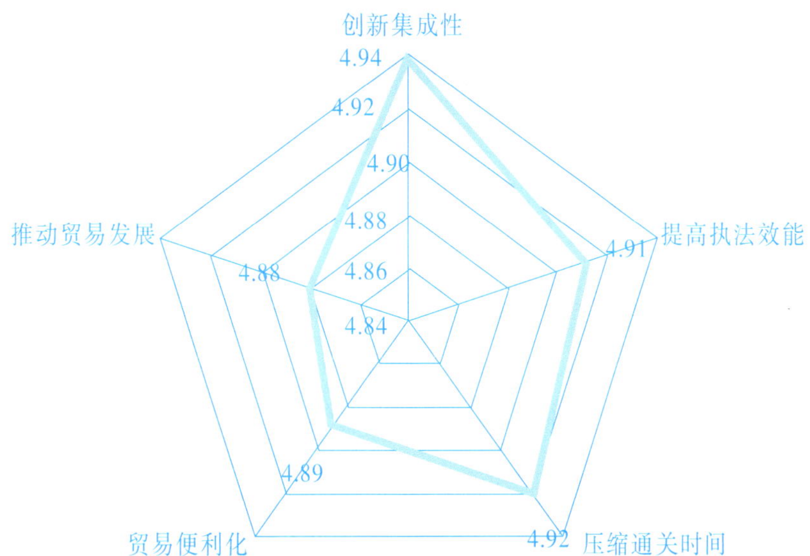

图19-1 检验检疫行政执法全过程记录集成体系创新性专家评分

19.4 创新成效评估

◇ 切实完成国务院关于执法全过程记录制度“规范文字记录、

推行音像记录、提高信息化水平、强化记录时效”的试点任务，形成全国范围内的示范效应。

◈ 提升执法效能，进口果蔬疫情检出量同比增加128.6%，进口可用作原料的固体废物不合格检出量同比增长133%，进口食用动物制品不合格检出量同比增长167%，且无行政纠纷发生。

◈ 提升通关效率，率先实现检验检疫全程无纸化，建立国抽、风险预警、诚信三位一体的双随机抽查机制，大幅缩减通关时间，如动物源性食品全流程时长压缩83.5%，固体废物原料全流程时长压缩90%，水果全流程时长压缩68%。

◈ 为探索建设自由贸易港奠定监管制度基础。行政执法全过程记录为更高水平开放提供完备的监管信息基础，有助于进一步构建最高标准贸易便利化监管体系。

19.5 风险评估及防控措施

通过对检验检疫行政执法全流程、全领域制度体系的集成创新，能够有效实现行政执法全过程的风险防控。

19.6 复制推广评估

◈ 复制推广价值

检验检疫执法全过程记录集成体系的构建有利于规范执法行为，建立内外联动执法体系和执法行为回溯监督体系，极大地提高执法效能，提升贸易便利化水平。其在优化自贸试验区营商环境、提升城市软实力和竞争力方面成效突出，具有较大的复制推广价值。

◈ 复制推广所需条件

根据监管特点和功能布局，在“单一窗口”和电子口岸建设的基础上，需要将检验检疫信息化服务平台与系统内的ECIQ业务主干系统以及港口、各口岸监管部门业务系统实现对接、互联互通，并建立健全功能模块，配套移动执法终端、执法记录仪、视频监控系统等硬件设施。

20 创新案例二十：归类尊重先例

20.1 案例概况

案例描述

“归类尊重先例”制度，是指收发货人或者其代理人在通关中对同一商品可以引用海关认定的归类先例，海关原则上应予以认可。确有异议的，事后按规定启动归类一致性协调解决机制处置的一项制度。

大连海关在取得总署授权后，决定探索开展“归类尊重先例”先行先试。“归类尊重先例”改革主要是指企业以前在全国任何口岸曾经进出口的商品，今后在大连口岸办理通关手续时，海关将不再审核其商品归类，而是直接认可先前的结果。

实施步骤

◈ 形成事实先例。结合关区进出口贸易商品实际，选取30家代表性进出口企业进行试点，并运用计算机技术对试点企业2年内报关单数据进行有效搜集。

◈ 构建归类先例数据库。依托辽宁电子口岸“单一窗口”，强化大数据等技术运用，以总署归类决定等数据及经实际审核后试点企业报关单数据为基础建立归类尊重先例数据库，实现先例数据有效存储和分类查询，并坚持计算机筛选和人工审核相结合，建立先例数据入库审核机制，对先例数据严格把关。

◈ 实施先例数据动态维护。建立先例数据库动态维护机制，及时根据海关总署《中华人民共和国海关进出口税则》转换、《税则注释》修改转换、本国子目注释调整情况对先例数据进行动态调整，并及时对试点企业予以公告。目前，归类先例数据库已包含7万余条先例数据，基本涵括试点企业经营商品。

◈开设先例快车专用道。实现先例免予审核快速放行，营造便利化通关环境。拓宽先例意见反映渠道，通过开设微博、专用邮箱、12360专栏等多种方式受理企业先例制度意见反馈，并及时进行核实解决，推动和谐通关环境形成。

“归类尊重先例”制度操作流程如图20-1所示。

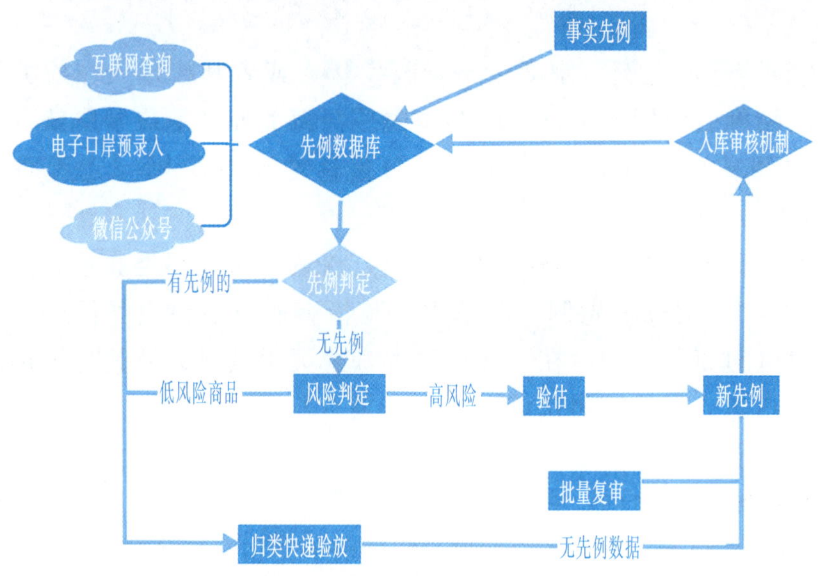

图20-1 “归类尊重先例”制度操作流程

实施效果

大连海关于2016年11月1日正式开启这一创新实践，是全国第一个实施“归类尊重先例”制度试点的地区。目前已有28家企业使用归类先例辅助申报查询系统，累计归类先例近7万条，系统累计使用近1万次。

大连海关“归类尊重先例”实施效果示意图如图20-2所示。

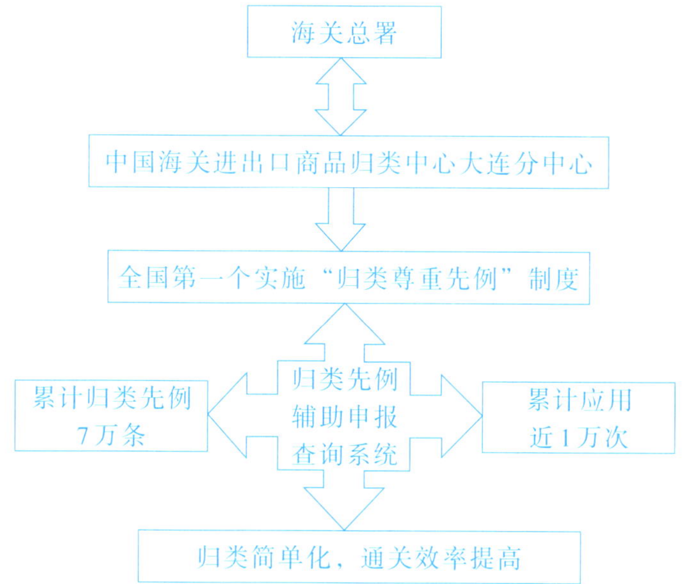

图20-2 大连海关“归类尊重先例”实施效果

20.2 评估方法

（1）政府访谈

2017年9月，访谈中国海关进出口商品归类中心大连分中心相关人员。通过访谈，了解大连海关先行先试“归类尊重先例”的相关信息，具体包括操作方法、创新点、成效、风险点、防控措施以及向更大范围推广所需条件等方面。

（2）企业访谈

通过走访海关“归类尊重先例”的代表性企业，听取企业对“归类尊重先例”的影响度和满意度，以及企业对该创新做法进一步提升的建议，从市场发展需要的角度对创新措施的落地性进行评估。

（3）问卷调查

2017年9月，综合考虑行业类型、企业属性等因素，选取具有代表性的企业发放问卷，调查企业对“归类尊重先例”的熟悉度和满意度，以及该制度实施的有效性，并了解该领域未来的需求方向。调查采用发放纸质问卷、电子问卷的方式，共回收155份。针对回收的问卷，根据三个标准进行筛选，剔除无效问卷：一是问卷中有缺漏项，影响数据分析的有效性；二是答卷者没有认真填答问卷，例如所有条目都圈选同一分值；三是答卷者在答卷时选择分值有矛盾现象，如同一内容题项，前后选择分值相差太大。根据以上三个标准，本次有151份问卷有效，有效问卷率达97%。

◈企业类型

调查结果显示，参与大连海关先行先试“归类尊重先例”制度问卷调查的企业主要为民营企业，超过企业总体的70%，其次是外资企业，约占20%。这也说明，民营、外资企业是自贸区企业的主导力量。

“归类尊重先例”样本企业的性质构成如图20-3所示。

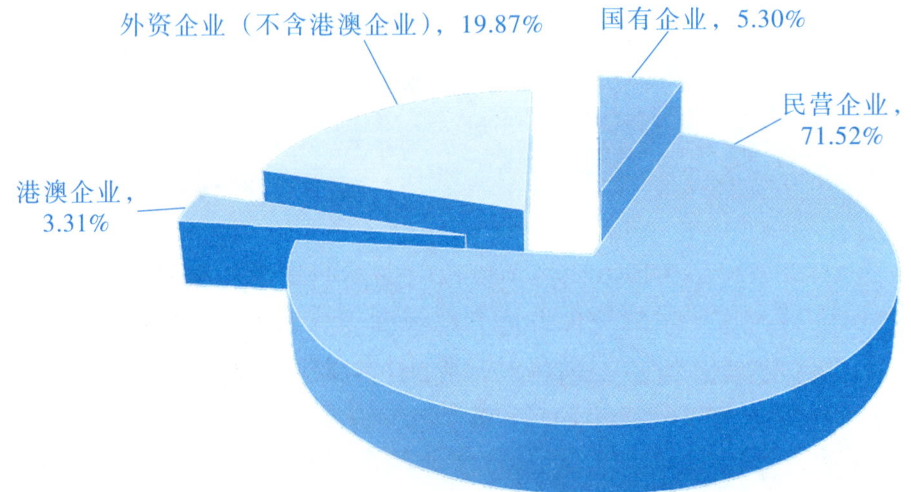

图20-3 “归类尊重先例”样本企业的性质构成

◈企业了解度

调查结果显示，对于大连海关先行先试的“归类尊重先例”制度，认为比较了解及以上的企业超过97%，基本实现了全覆盖。

样本企业对“归类尊重先例”的了解程度如图20-4所示。

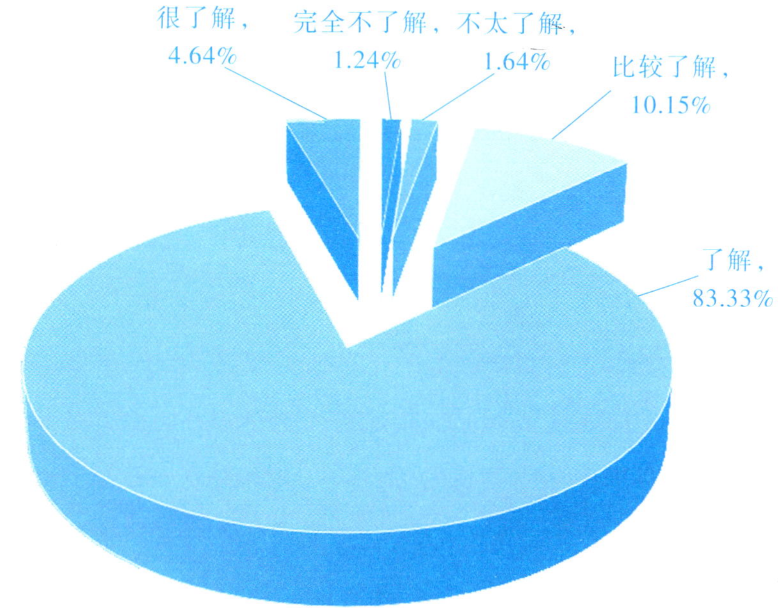

图 20-4 样本企业对“归类尊重先例”的了解程度

20.3 创新性评估

大连海关通过开发归类先例辅助申报查询系统，率先将“归类尊重先例”制度落实到操作层面，并取得明显成效，大幅精简海关审核程序，提高通关效率，对规范自由裁量权，推动海关执法统一，营造公开、透明、可预期的外贸营商环境具有重要作用。

本次评估同时采用专家评价法，选取“国内领先做法、对原有做法改进的程度、功能性增强、改变了原有流程、更好地满足企业要求”五项指标，设定1～5分的分值表示从非常不同意向非常同意依次渐进，邀请5位专家按照实际情况对大连海关“归类尊重先例”制度的创新性打分，取平均分为最终专家评价分值，其结果见表20-1。

在“归类尊重先例”制度下，企业商品只要在全国任何一个海关曾经归类过，即可通过。通过之后海关会予以核查，若发现问题，事后再通知企业整改，征收补交税款，但不作处罚和追责。“归类尊重先例”制度的创新之处主要体现在归类简单化，可以减轻企业负担，

表20-1 专家对“归类尊重先例”制度创新性评估打分结果

“归类尊重先例”制度	国内领先做法	对原有做法改进的程度	功能性增强	改变了原有流程	更好地满足企业要求	专家评价分值
事实先例数量	5	4	5	4	5	4.6
时间成本	5	5	4	3	5	4.4
通关手续	5	4	4	5	5	4.6
系统可操作性	5	4	5	5	5	4.8
系统稳定性	5	5	4	4	5	4.6

避免申报错误的后果。

20.4 创新成效评估

“归类尊重先例”制度使复杂的商品归类工作高度简单化，提高商品归类的准确性、统一性、时效性。该制度实施后，海关改变了过去多个部门审核可能引发的大量归类争议的做法，极大地缩短了通关时间，提高了通关效率，节省清关环节的成本。

◈ 企业满意度

从企业层面来看，样本企业对“归类尊重先例”带来的成效满意度较高，对于“对先例快车专用道的免于审核快速放行政策的运行效率是否满意”这一问题，认为比较满意及以上的企业超过95%，认为很满意的企业占近7%，如图20-5所示。

问卷中列举了“大连海关的这一举措是否真的提高了通关时效性”以及“‘归类尊重先例’制度对您公司通关时间缩短是否有效果”的问题，认为比较有效果及以上的企业超过96%，如图20-6所示。

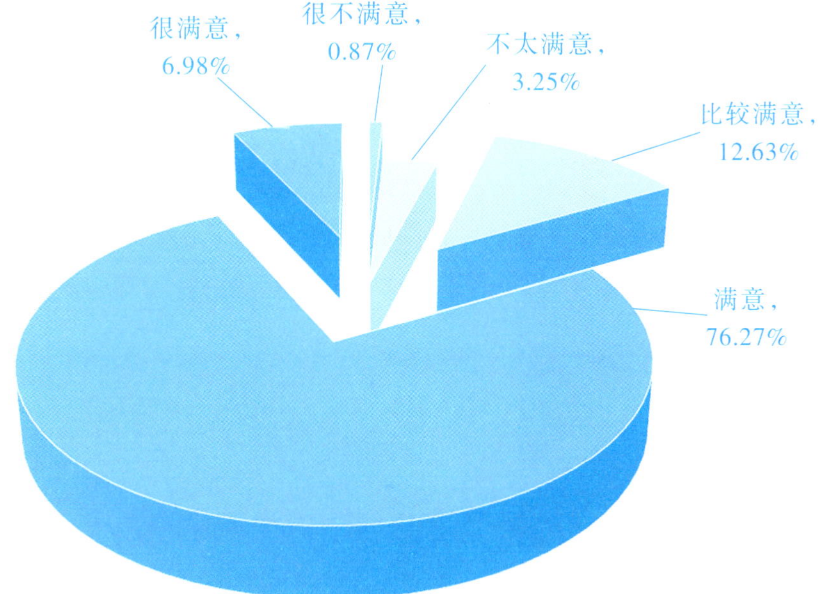

图 20-5 样本企业对“归类尊重先例”的满意程度

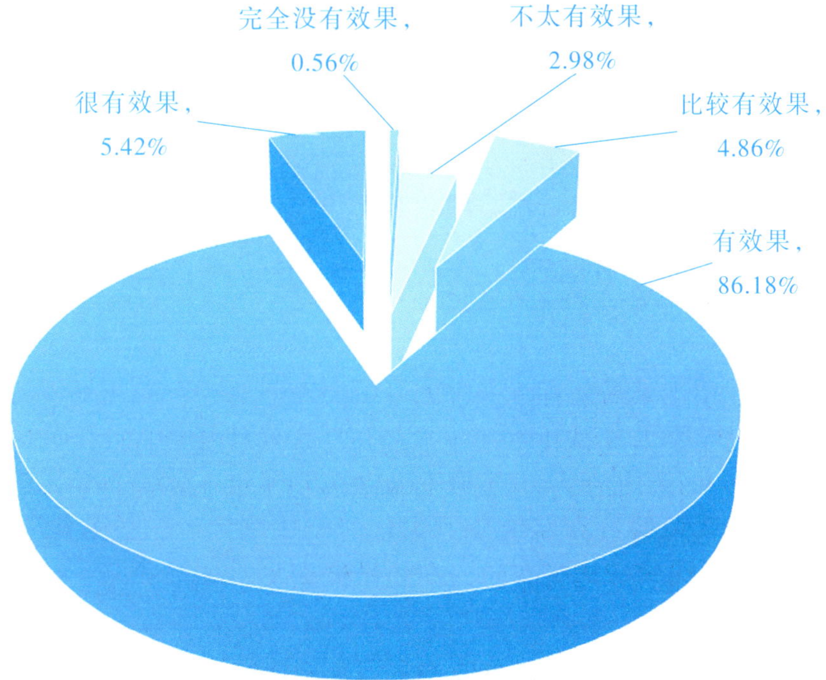

图 20-6 样本企业对“归类尊重先例”效果的评价

另外，样本企业对“归类尊重先例”实施后大连海关的通关效率满意度较高，对于“对大连海关目前的行政效率是否满意”这一问题，认为比较满意及以上的企业占96%以上，认为很满意的企业近达8%，如图20-7所示。总体而言，“归类尊重先例”制度创新具有显著成效。

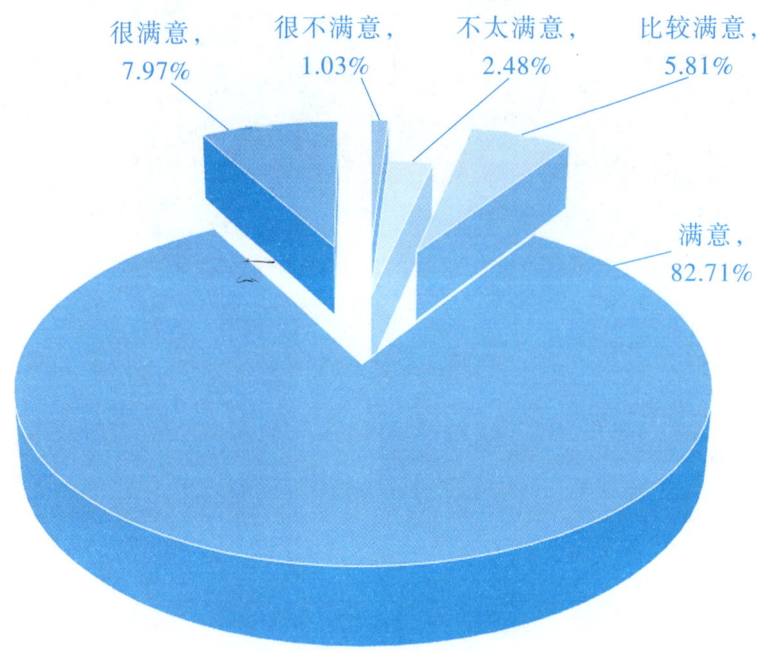

图20-7　样本企业对大连海关行政效率的评价

20.5　风险评估及防控措施

（1）企业如何使用先例风险及防控措施

企业如何使用先例的风险。由于不同商品的税率不同，部分企业可能存在套用不当的现象，导致海关税款的流失。对这一风险的防控应进一步强化监管，在监管环节实行“一线放开、二线管住”的措施，通过缉私线索和随机查验，来加强检查及预防。

（2）先例归类错误风险及防控措施

不同海关运用先例时也可能出现归类错误的风险，针对该风险的防控措施应以保护企业为原则，充分发挥入库审查机制的作用。

20.6 复制推广评估

（1）复制推广的价值

“归类尊重先例”制度对贸易便利化影响较大，主要体现在两个方面：一是企业对于贸易成本的可预见性；二是提高了企业通关效率，节省时间成本，并争取最终实现手续电子化、无纸化。

（2）复制推广所需条件和难度

目前，大连海关“归类尊重先例”试点工作已见成效，并得到海关总署改革办的高度认可。其他地区，如长春、哈尔滨、满洲里等地海关，也先后到大连海关参观学习。复制推广的条件具有易获取性，推广性较强。

21 创新案例二十一：出口退税综合服务平台

21.1 案例概况

出口退税是贸易便利化的重要环节，大连片区与大连市国税局围绕提升退税效率、强化服务功能，率先在国税系统范围内创建融提速退税、防控风险、跨领域合作为一体的“出口退税综合服务平台”，如图21-1所示。

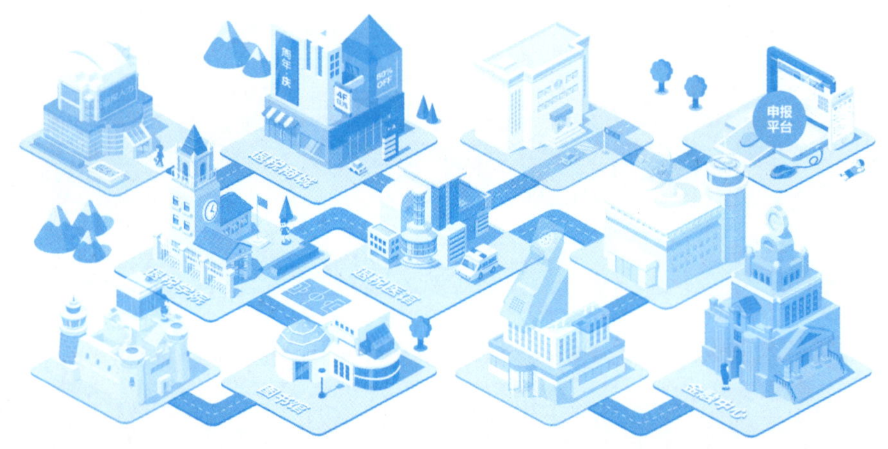

图21-1 “出口退税综合服务平台”示例

该平台将出口退税无纸化与“互联网+”有效衔接，构建出全国首个智慧出口退税生态系统，具备以下九项核心功能（如图21-2所示）：

◈ “申报退税”功能，包含单机版远程预申报、正式申报及Web版在线申报；

◈ “外部数据”功能，提供报关单、代理出口证明、增值税专用发票、加工贸易电子手（账）册数据的查询；

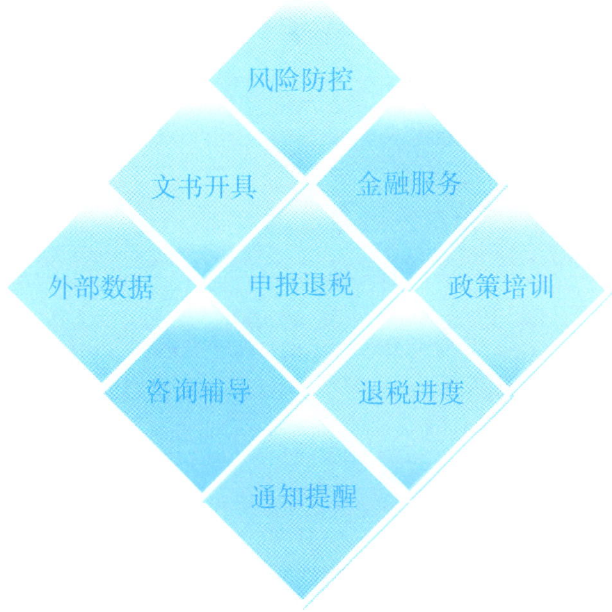

图21-2 “出口退税综合服务平台”九项核心功能

◇“文书开具”功能，企业可自主下载、导出和打印退税类、单证类文书；

◇“退税进度”功能，直接展示申报数据的全环节审核状态；

◇“通知提醒”功能，按企业精准推送各类通知和提醒信息；

◇“咨询辅导”功能，免费提供线上、线下咨询辅导服务；

◇“政策培训”功能，全面收录并实时更新政策法规，企业既可免费查询下载，也可在线观看视频学习；

◇“风险防控”功能，企业可利用平台内嵌的风控系统规范流程管理、防范退税风险；

◇“金融服务”功能，整合中银退税贷、平安退税贷、信保易等特色金融工具。

21.2 评估方法

(1) 政府部门访谈

2017年9月，多次重点对大连市国税局、部分区国税局和海关进行访谈，深入了解推出“出口退税综合服务平台”的背景、目标及操作细则，从宏观层面了解落实效果，并收集相关资料和案例素材。

（2）企业深度访谈

通过深度走访综合服务平台的代表性企业，选取了外贸型、生产型以及使用单机版和在线版系统的企业，获取企业对“出口退税综合服务平台”的影响度和满意度的评价，以及企业对该平台进一步提升的建议，从市场发展需要的角度对创新措施的落地性进行评估。

（3）专家评价法

邀请税务和贸易领域的专家，对“出口退税综合服务平台”的创新性和推广难易度进行打分评价。

（4）企业问卷调查

综合考虑行业属性、企业类型等因素，选取具有代表性的企业发放问卷，调查企业对“出口退税综合服务平台”的使用感知和效用，并了解该领域未来的需求方向。

通过纸质和电子两种方式发放问卷，共回收389份。针对回收的问卷，根据三个标准进行筛选，剔除无效问卷：一是问卷中有缺漏项，影响数据分析的有效性；二是答卷者没有认真填答问卷，例如所有条目都圈选同一分值；三是答卷者在答卷时选择分值有矛盾现象，如同一内容题项，前后选择分值相差太大。根据以上三个标准，本研究从389份问卷中筛选出347份有效问卷，有效问卷率为89%。

从企业类型来看，民营企业占到样本量的71.53%，外资企业（不含我国港澳企业）占20.83%，二者构成了样本的主体部分。另有国有企业和港澳企业，分别占4.17%和3.47%，体现了样本企业类型的多样性（如图21-3所示）。

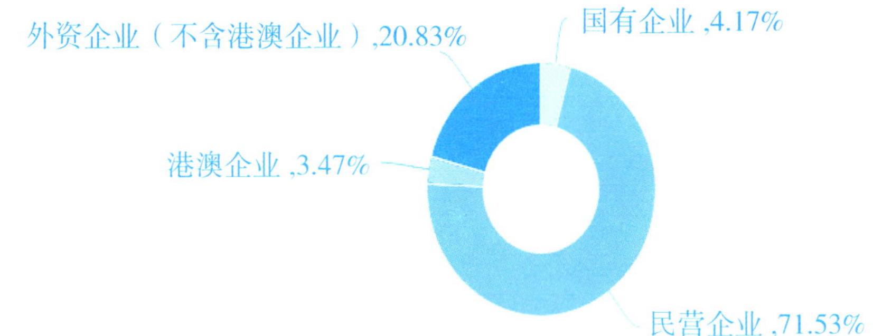

图 21-3 样本企业类型

从企业属性来看，有限责任公司占总样本量的76.92%，成为调研样本的主要构成部分。另有独资企业、股份有限公司、有限合伙企业和普通合伙企业，其占比如图 21-4 所示，这表明样本企业结构合理。

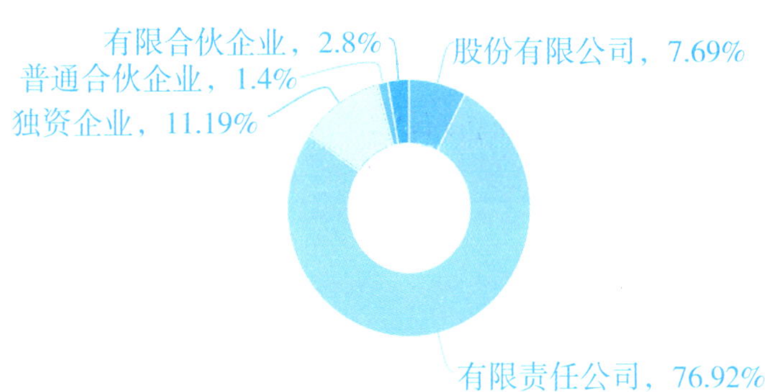

图 21-4 样本企业属性

21.3 创新性评估

以九项核心功能为依托，“出口退税综合服务平台”展现出“五全”亮点，如图 21-5 所示。

◇网上办理全天候。平台 7×24 小时免费开放，出口企业可随时随地登录，自主选择单机版或在线版办理退税申报业务。运用平台的智能化自动申报退税功能，出口企业可享受全程无纸化免填单，相关电子信息可在平台一站式查询，对于信息齐全的申报数据平台可自

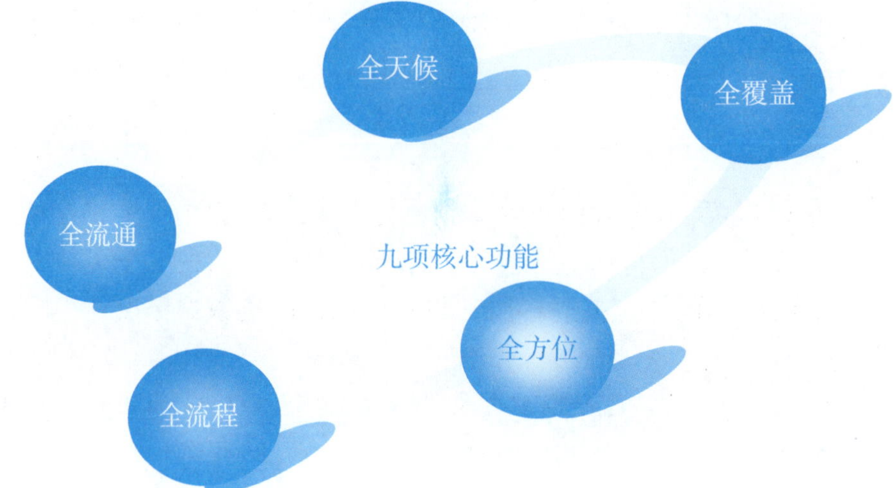

图21-5 “出口退税综合服务平台”的“五全”亮点

动完成预申报、正式申报、反馈结果等规定动作，并且与审核系统无缝衔接。

“网上办理全天候”创新特征如图21-6所示。

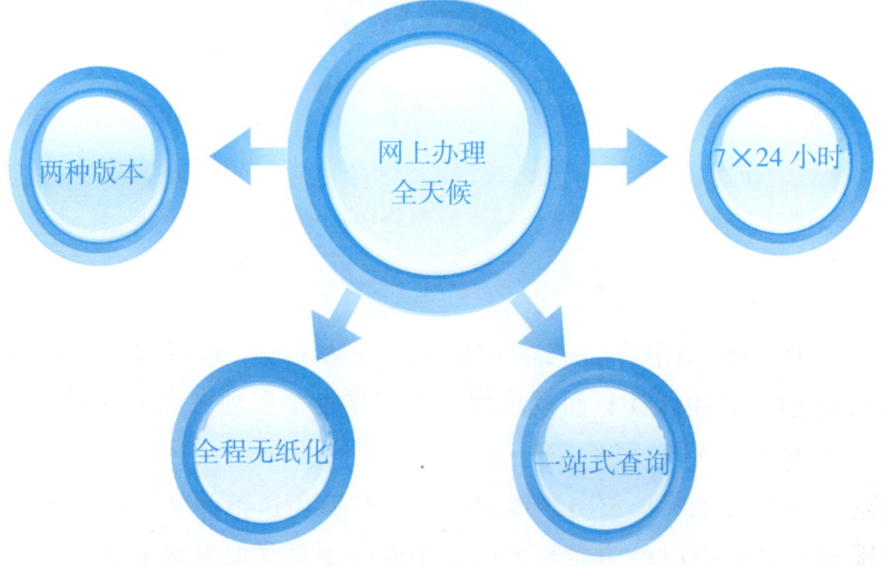

图21-6 “网上办理全天候”创新特征

◈ 效用功能全覆盖。平台包含20余项基本功能模块，为企业提供多样化服务。平台与审核系统实现实时交互，运用进度查询功能，企业可以实时掌握从受理、审核、调查评估、审批到打印退还书全环节的审核进度变化，达到审核流程全透明；平台的智能提醒功能，可逐户、逐票提示即将到期业务，避免逾期损失；通知公告功能，可采取手机短信+平台公告双同步的方式，分事项、分类别地实现点对点精准信息推送，告知企业应及时掌握的重要信息；档案电子化加密功能，对申报原始电子数据进行加密归档保存，防范数据修改产生的法律风险。

"效用功能全覆盖"创新特征如图21-7所示。

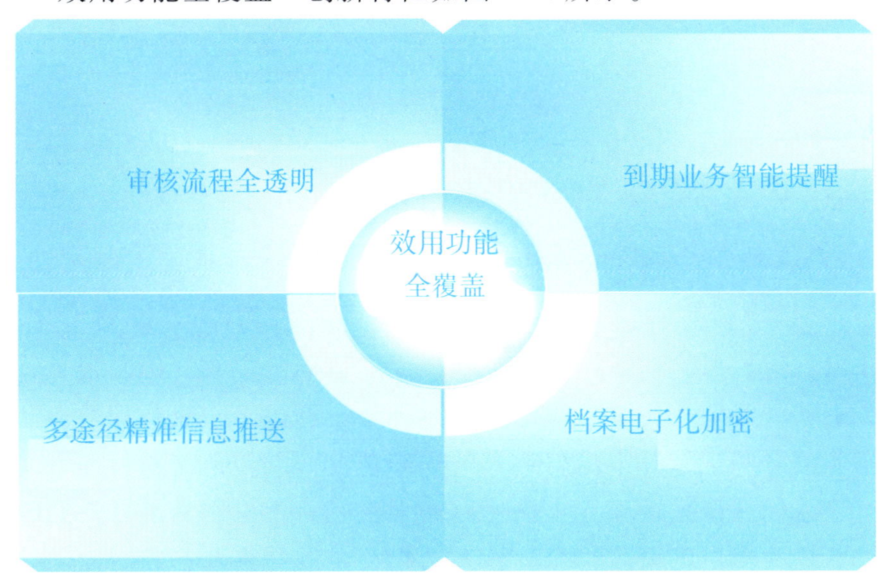

图21-7 "效用功能全覆盖"创新特征

◇咨询辅导全方位。依托平台，企业可以免费获取在线客服、电话咨询、视频课程、面授培训、上门排查等多种咨询辅导服务。在问题咨询方面：平台拥有15个在线客服坐席、15个热线电话坐席和14个微信支持群，合规、有效、限时地为已授权的出口企业解决疑难问题，系统性、技术性问题在2个工作日内解决，政策性、业务性问题在3个工作日内解决，同时平台还为每户出口企业建立技术支持服务档案，为出口退税的办理保驾护航。培训辅导方面：平台通过视频、直播、面授等多种途径打破传统培训在时间和空间上的限制，出口企业可在平台上学习到优质、有时效性的培训课程。

“咨询辅导全方位”创新特征如图21-8所示。

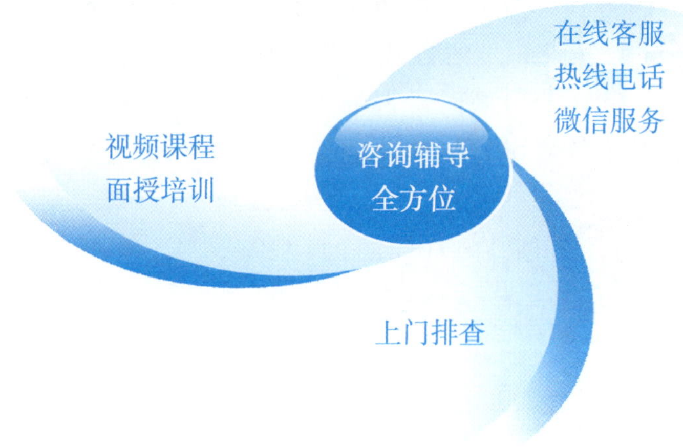

图21-8 “咨询辅导全方位”创新特征

◈ 风险防控全流程。平台以国际先进的COSO管理框架为基础，构建出口退税风险防控指引系统，以出口合同为主线，串联报关、物流、采购、开票、付款、收汇等关键环节，通过工作流管理的机制帮助企业关联和记录每笔出口业务的详细情况，既规范流程管理，又实现风险自控。该系统建立了供货商的准入和审批机制，创新性地收录了税务机关提供的风险信息、核查结果、函调结果及互联网面向社会公开的诉讼信息、涉案信息等，出口企业仅需录入供货商税号，即可判断该供货商是否是涉嫌虚开票企业、是否是法院起诉的企业等，为出口企业选择优质合作伙伴提供客观参考。

“风险防控全流程”创新特征如图21-9所示。

◈ 外部平台全联通。平台有效匹配单一窗口、跨境电商、外贸综合服务等不同类型的平台，一网通办各类外贸业务；平台还整合了中国银行、平安银行、中国出口信保公司等大型金融机构为出口企业定制的金融工具，可一站式办理融资贷款业务。

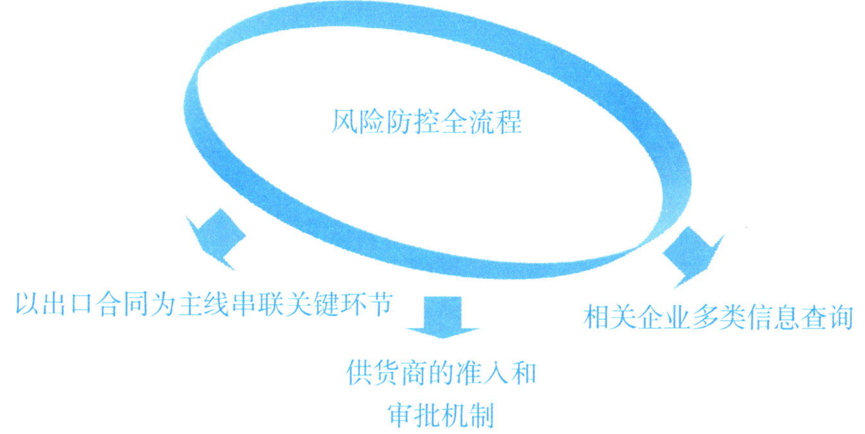

图21-9　“风险防控全流程”创新特征

“外部平台全联通”创新特征如图21-10所示。

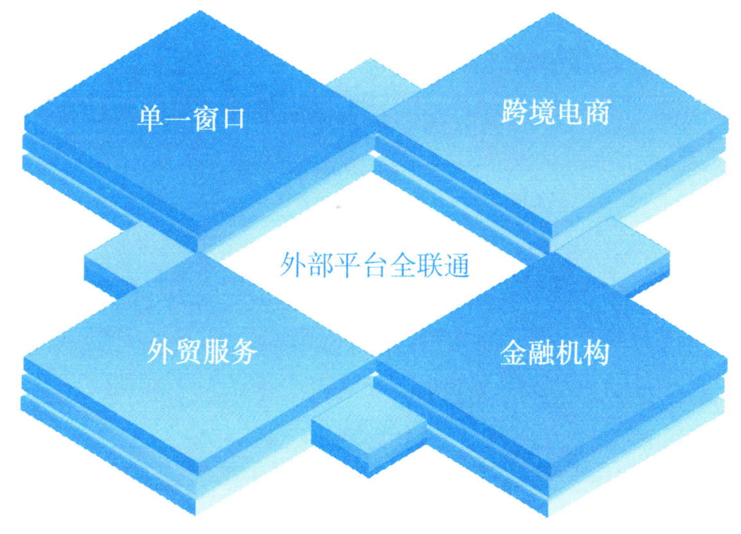

图21-10　“外部平台全联通”创新特征

针对五个亮点，对比原有措施，利用专家评价法，以是国内领先做法、对原有做法改进的程度、功能性增强、改变了原有流程、更好地满足企业要求为指标，设定1～5分的分值表示从非常不同意向非常同意依次渐进，请5位专家按照实际情况打分，取平均分为最终的专家评价分值，其结果见表21-1。

表21-1 "出口退税综合服务平台"创新性评估结果

原有措施	出口退税综合服务平台	专家评价分值
◇单机版和在线版申报系统，选定后须分别进行登录，且服务器不佳，常因出口企业集中申报造成线路拥堵、系统卡顿； ◇原申报系统不具备智能化自动采集数据、自动申报等功能，需人工手动录入数据	网上办理全天候 ◇将各类申报系统集成于平台内，企业只需登录平台即可申报，服务器全面更新换代，任何时候申报均不会发生拥堵卡顿情况； ◇申报流程最大可能地减少企业手动录入，减少犯错的可能，让申报流程更畅通	4.8
◇企业需要联系税务机关方可得知审核进度情况； ◇企业必须登录海关电子口岸方可查询报关单信息； ◇无法实现逐户、逐票的点对点精准提醒，仅在网站发布对外通知、手机短信通知	效用功能全覆盖 ◇20余项基本功能模块集成优化，包含进度查询、外部数据查询、智能提醒等	4.6
◇咨询电话接通率极低，很多问题无法解决； ◇培训为线下培训，周期长、成本高	咨询辅导全方位 ◇建立咨询辅导团队； ◇培训除了面授外，还有线上课程，采取视频课程、直播课程等形式	4
◇缺乏风险防控机制	风险防控全流程 ◇通过出口业务的各类单据将业务串联起来，设置审批机制，规范业务流程，防范内外部风险	5
◇缺乏相应的平台和机制	外部平台全联通 ◇联系金融机构、跨境电商、外贸综合服务企业等，搭建对接平台	4

由专家评价分值可见，五个创新点中的网上办理全天候、效用功能全覆盖、风险防控全流程分别得4.8分、4.6分和5分，表明该三项功能创新性高。咨询辅导全方位和外部平台全联通均得4分，表明创新性较高。

21.4 创新成效评估

对于“出口退税综合服务平台”的成效，从整体来看体现在“五更”，如图21-11所示。

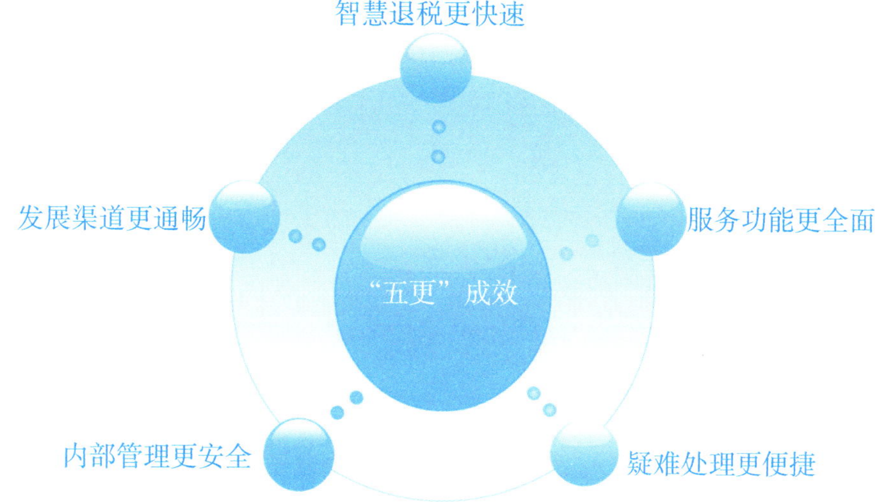

图21-11 “出口退税综合服务平台”的“五更”成效

◇ 智慧退税更快速。大连已有5 473户出口企业享受全程无纸化便利，占平台业务户数的96%，每年减少近200万份纸质资料的报送，从申报到收到退税款，平均仅需8个工作日，诚信度较高的企业更是仅需2个工作日。

◇ 服务功能更全面。平台已累计执行进度查询16万户次，推送精准提醒服务22万户次，为出口企业防范逾期申报的退税损失近3 000万元。

◇ 疑难处理更便捷。截至2017年9月末，平台已受理在线咨询1 673条，接听咨询电话14 255个，微信群对话59 641条，解答问题

17 094条，问题处理率达100%。平台现已提供30多节视频课程，组织17场次面授培训和16场次网络直播培训。

◈ 内部管理更安全。基于全流程的风险防控措施，为企业提供相关企业的信用资料，避免了企业因信息不全而错误地选择合作伙伴。

◈ 发展渠道更通畅。平台的“税银互动”已为全市出口企业新增退税信用贷款额度54亿元，累计为200余家小微出口企业免费提供信保方案，带动出口额2.12亿美元。

从企业层面来看，样本企业对“出口退税综合服务平台”带来的成效满意度较高，对于“能否真正化解申报退税的难点”这一问题，认为比较有效果及以上的企业占到100%，实现了百分之百的认可率，认为很有效果的企业更是达43.18%（如图21-12所示）。

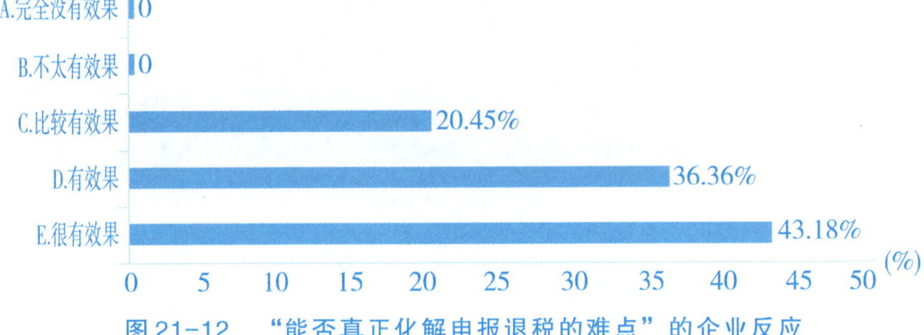

图21-12 “能否真正化解申报退税的难点”的企业反应

问卷中列举了“外部数据”功能和“文书开具”功能，认为比较有效果及以上的企业分别占99.24%和96.21%（如图21-13、图21-14所示）。总体来看，“出口退税综合服务平台”创新具有高成效。

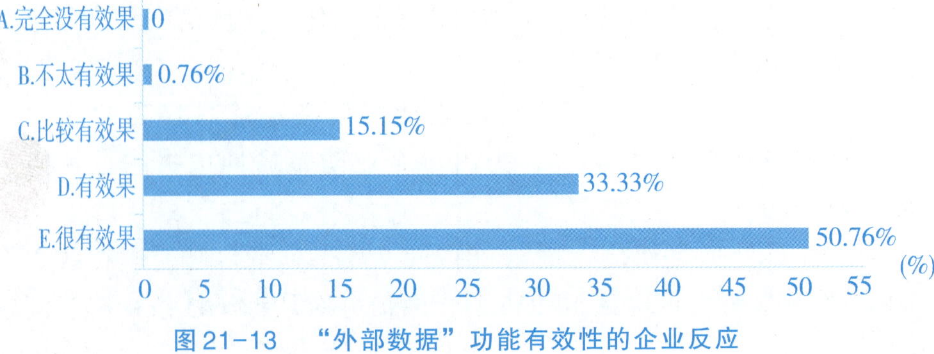

图21-13 “外部数据”功能有效性的企业反应

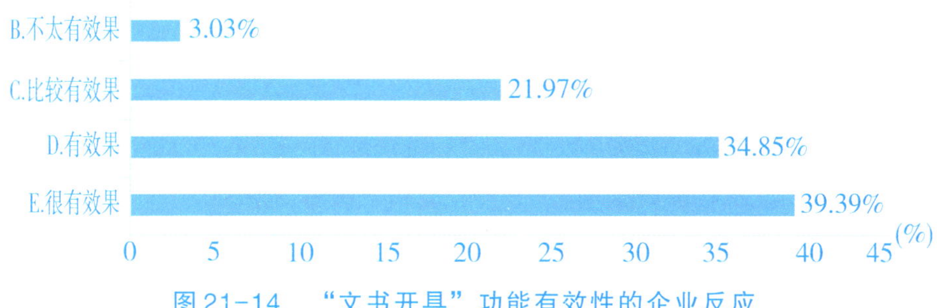

图21-14 “文书开具”功能有效性的企业反应

21.5 风险评估及防控措施

“出口退税综合服务平台”在系统运维管理方面，已建立包括基础设施、应用、安全等各个层次的运维保障、监控和应急响应体系。经过浪潮创新科技股份有限公司的安全测评，对信息系统基本安全保护状态的分析，出口退税管理系统等级测评结论为基本符合。通过对应用及管理的风险评估，我们认为存在以下风险点及对应的防控措施：

（1）审查审批事项信息更新滞后的风险。未定期审查审批事项、及时更新需授权和审批的项目、审批部门和审批人等信息会给企业带来申报渠道不畅的风险。针对该风险点，应建立和完善定期审查审批事项制度，及时更新审查审批信息。

（2）变更申报和审批的程序性风险。未建立变更控制的申报和审批文件化程序，对变更影响进行分析并文档化，记录变更实施过程，并妥善保存所有文档和记录。可能在变更过程中或变更后出现问题的情况下，存在无法回退的风险。针对该风险点，应完善变更申报和审批的管理制度，规范相关程序。

21.6 复制推广评估

“出口退税综合服务平台”作为出口退税方面的综合服务管理系统，示范力和辐射力较强。为评价其推广难易度，仍利用专家评价法，以推广价值大、实施壁垒低、推广条件的可获性为指标，设定1～5分的分值表示从非常不同意向非常同意依次渐进，请5位专家按照实际情况打分，取平均分为最终的专家评价分值，得分越高表示越容易推广，其结果见表21-2。

表21-2 “出口退税综合服务平台”复制推广评估结果

推广价值	推广条件	推广难易度
◇智能化平台使服务效能明显提升，企业满意度高； ◇吸纳出口企业用户7 805户，百分之百覆盖大连市有业务的出口企业； ◇获得国家税务总局的充分肯定，将该平台项目在全国税务系统进行推广	◇平台兼顾全国出口退税企业共性需求，各地国税机关均可以直接移植系统主体模块，用于本地出口退税服务管理； ◇向企业做好平台专题宣传和培训工作	5（易推广）

一是已在大连全面覆盖。大连国税局先后组织17场平台专题宣传和培训，累计向5 000余户出口企业发放宣传资料逾万份，确保出口企业了解平台功能、熟悉平台操作，受到出口企业的广泛认可与好评。自投入使用以来，平台充分发挥服务效能，吸纳出口企业用户7 805户，百分之百覆盖全市有业务的出口企业。共受理申报49 309户次，远程预审99 111户次，审核应退（免）税收出口额194.38亿美元，办理出口退税59.1亿元、免抵调库65.73亿元。

二是具有全国推广意义。平台已充分展现了提质增效出口退税服务管理的作用，国家税务总局已下发文件，将出口退税综合服务平台在全国税务系统进行推广。平台在设计过程中，坚持以全国出口退税规范为标准，既紧贴大连地区发展实际，又兼顾全国出口退税企业共性需求，各地国税机关均可以直接移植系统主体模块，用于本地出口退税服务管理。目前，已有近10个省市的国税机关借鉴大连经验陆续建立起本地平台，该平台已成为优化升级传统出口退税管理服务模式的引领和示范。

22 创新案例二十二："三互"大通关

22.1 案例概况

案例描述

大连在全国率先建立了地方政府与海关、检验检疫、边防、海事等口岸部门共同推进"三互"大通关工作机制，包括信息互换、监管互认、执法互助、资源共享（"3+1"口岸监管模式），实现了多部门、多层次、多地区"三互"大通关新模式。大连的"三互"大通关分为"外三互"和"内三互"。"外三互"指同一地域不同监管部门间的"三互"大通关，大连海关、辽宁出入境检验检疫局、辽宁公安边防总队、辽宁海事局共同推进"三互"大通关工作机制（1+4+N）；"内三互"指监管部门系统内部不同地域间推进的"三互"大通关，即在深化关检一体化合作基础上，大连、沈阳、长春、哈尔滨、呼和浩特、满洲里六海关和辽宁、吉林、黑龙江、内蒙古四省区出入境检验检疫局共同合作，拓宽"三互"大通关的广度和深度，深入推进区域通关一体化建设，提高通关效率和贸易便利化程度。

"三互"大通关格局示意图如图22-1所示。

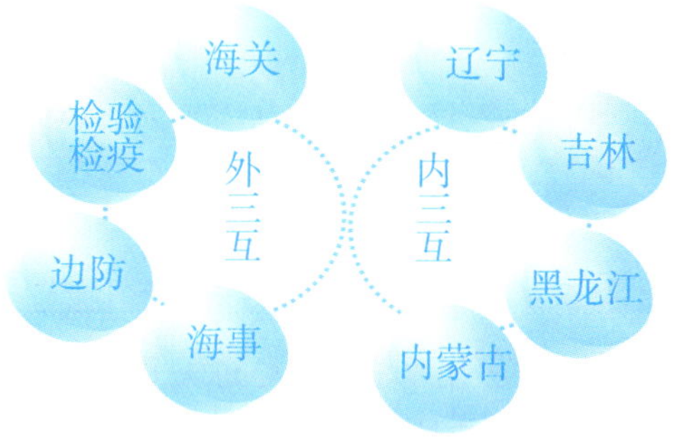

图22-1 "三互"大通关格局示意图

品类选择

大连选取“进口废纸、出口稻草”以及肉类作为“三互”大通关的查验对象。废纸机检在操作方面容易实施，只查验欧、美、日直航商品，监管互认易于实施。稻草是大连口岸传统出口品类，主要销往日本，稻草的市场需求量较大。2017年查验稻草5票，共计28个集装箱。肉类是检验检疫部门需要百分之百查验的食品，海关则是抽检查验，属于查验较为严格的货品，是选择作为“三互”大通关的理想货物品类。

创新亮点

“三互”大通关格局创新亮点如图22-2所示。

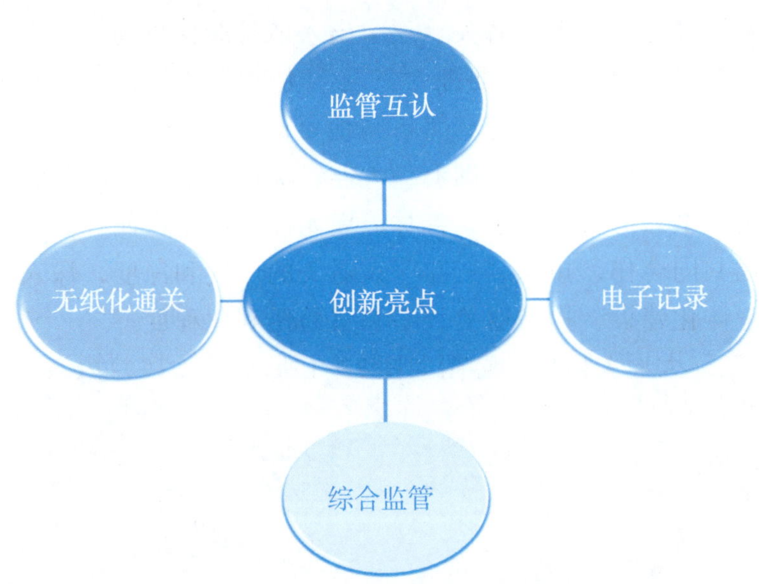

图22-2　“三互”大通关格局创新亮点

◈ 推行监管互认。“三互”大通关的关键是监管互认。大连口岸在执法互认中取消两家同时执法，由一个监管部门查验一次即可放行，查验结果互认，大幅缩短通关时间，节约企业成本，提升贸易便利化水平。检验检疫部门发挥技术优势，优先为海关提供冻品、水果、固体废物以及涉案商品等检测化验结果；海关参考和借助海事部门对危险品的监管结果和认证报告，有针对性地确定监管重点；对原木"关前检"实行"一次许可，多次有效"。

◈ 推行通关无纸化。取消运行20多年的小提单管理模式，大窑湾口岸在全国率先打造口岸通关快速系统（综合业务平台），实现通关、执法电子化，提高通关效率，规范执法行为。

◈ 强化电子记录功能。大窑湾检验检疫局运用窗口高清快拍、执法记录仪、移动终端、可监控的场地网络等电子记录模式，提高查验速度。此外，各口岸查验部门在海运现场利用海关仪器设备建立"三互"机检中心、"三互"图像联合分析工作室；在大连机场和大连港客运站旅检现场设置关检共同查验区，采用移动X光机，实现一机双岗联合判图分析和联合查验，提高贸易便利化水平。

◈ 实施"三位一体"综合监管。大连口岸监管部门推行双随机+风险预警+失信惩戒的"三位一体"监管模式，处理好快速通关与风险防范二者的关系，引入企业社会信用管理，提升口岸监管力度。

简要效果

辽宁自贸试验区大连片区"三互"大通关创新措施，大幅减少查验时间，加快通关速度，提升口岸效率，推动贸易便利化进程。实施"三互"大通关后，通关手续由原来的10项缩减为5项，减少候查时间50%以上，缩短在港时间2～3天，港口企业通过一次性集装箱搬移、核封、拖车等措施，每个集装箱节省费用395元，原产地核封缩短4～6个小时，2017年1～8月，累计完成5 000余次原产地核封。

22.2 评估方法

"三互"大通关的评估方法如图22-3所示。

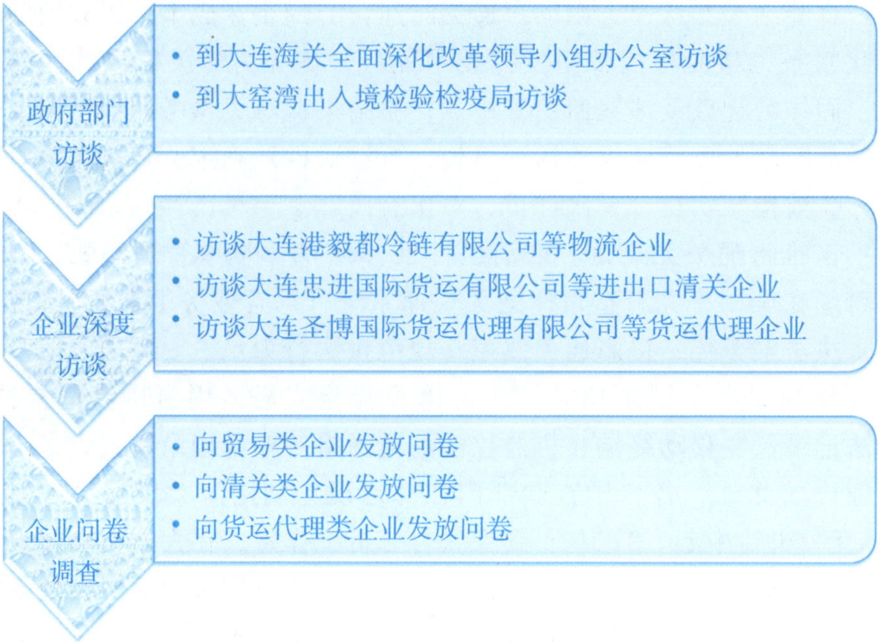

政府部门访谈
- 到大连海关全面深化改革领导小组办公室访谈
- 到大窑湾出入境检验检疫局访谈

企业深度访谈
- 访谈大连港毅都冷链有限公司等物流企业
- 访谈大连忠进国际货运有限公司等进出口清关企业
- 访谈大连圣博国际货运代理有限公司等货运代理企业

企业问卷调查
- 向贸易类企业发放问卷
- 向清关类企业发放问卷
- 向货运代理类企业发放问卷

图22-3 “三互”大通关的评估方法

◈ 访谈时间

2017年9月，深入大连海关全面深化改革领导小组、大窑湾出入境检验检疫局进行访谈，并与部分企业代表进行访谈，获取了大连海关、大窑湾出入境检验检疫局“三互”大通关相关信息和资料，具体包括操作方法、创新性、成效、风险、防控措施以及复制推广所需条件和难度等方面。

◈ 问卷调查样本描述

2017年9月，对贸易类企业、清关类企业、货运代理类企业进行问卷调查，采用纸质问卷调查与电子问卷调查相结合的方法，共计发放问卷381份，剔除无效问卷，回收有效问卷369份，对“三互”大通关的有效性、创新性、贸易便利度等方面进行调查。

在获取的样本中，民营企业占比69.54%、外资企业占比22.99%、国有企业占比4.60%、港澳企业占比2.87%（如图22-4所示），样本企业类别多元，民营企业占比较大，说明民营企业在大连片区活跃度较高。

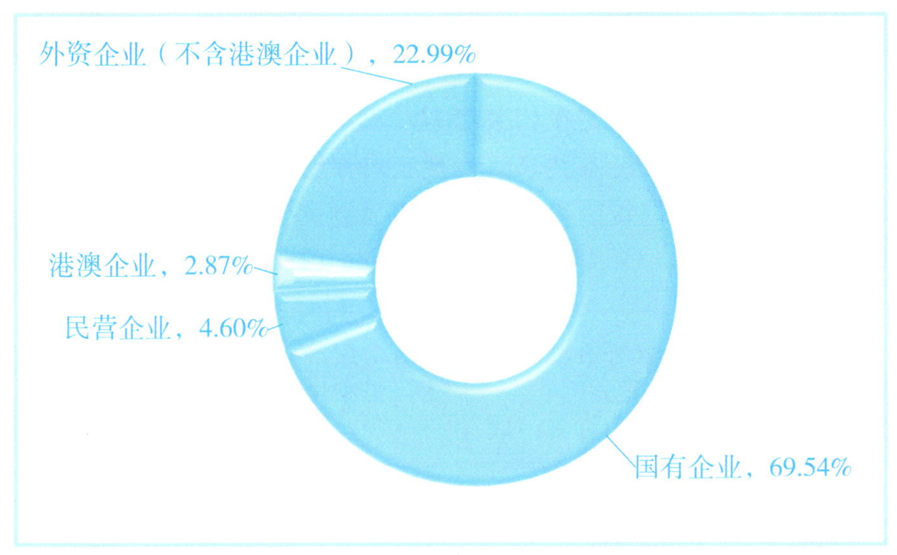

图 22-4 "三互"大通关问卷调查企业类型描述

调查问卷结果显示，样本企业对"三互"大通关创新措施的了解程度较高，比较了解、了解和很了解的企业占86.27%，很了解的企业占50.42%，不太了解和完全不了解的占13.73%，如图22-5所示，说明企业该项措施的感知度较高。

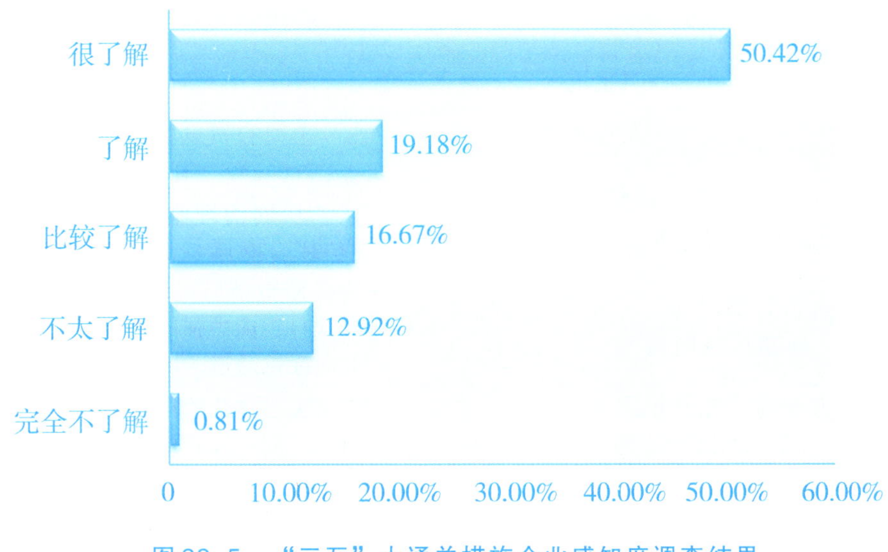

图 22-5 "三互"大通关措施企业感知度调查结果

22.3 创新性评估

“三互”大通关模式在信息互换、监管互认、执法互助的基础上，推进场地共用、设备共享，实现了口岸管理资源和通关流程的高层次整合。与制度创新前相比，具有明显制度优势，具体见表22-1。

表22-1 “三互”大通关制度创新前后对比

<table>
<tr><th colspan="2">制度创新前</th><th colspan="2">制度创新后</th></tr>
<tr><td>模式</td><td>一次申报、一次联合查验、一次放行的“三个一”模式
缺点：海关、检验检疫部门联合查验的及时性较差，通关效率低，加大了企业成本</td><td>模式</td><td>信息互换、监管互认、执法互助、资源共享的“3+1”大通关模式
优点：由联合查验改为一方查验，结果互认，提高了通关效率，节约了企业成本</td></tr>
<tr><td>操作方法</td><td>“一单一章一系统、两审一盖”
缺点：企业需要在小提单上盖8个单位印章才可以放行，通关时间长、效率低</td><td>操作方法</td><td>监管互认、无纸通关、电子记录、综合监管、24小时办理
优点：大幅缩短通关时间，提高通关效率，节约企业成本</td></tr>
</table>

辽宁自贸试验区大连片区将“三互”大通关模式向纵深推进，推动整个东北区域通关一体化，提升了东北贸易便利化水平和国际贸易竞争力，与上海自贸试验区食品类货物相比，仍具有创新性和效率优势（见表22-2）。

表22-2 与上海自贸试验区食品通关对比

<table>
<tr><th colspan="2">辽宁自贸试验区大连片区</th><th colspan="2">上海自贸试验区</th></tr>
<tr><td>模式</td><td>建立信息互换、监管互认、执法互助、资源共享的“3+1”口岸监管模式
推进监管部门间“三互”的同时，深入推进区域间通关一体化进程</td><td>模式</td><td>建立信息共享、执法互助、结果互认、协同治理监管机制，形成“守信联合激励、失信联合惩戒”的协同监管格局
对自检自控能力强的企业实施进出口双向绿色通道，即检即放模式</td></tr>
<tr><td>操作方法</td><td>一方查验，各方互认
推行通关无纸化，建立快速通关电子系统
强化电子记录功能
实施“三位一体”综合监管</td><td>操作方法</td><td>推进通关一体化改革，实施同一执法口径、同一监管标准、提供同一通关便利，“一次申报、分步处置”
推进通关全程无纸化，支持进口食品农产品质量安全试验区建设</td></tr>
</table>

辽宁自贸试验区大连片区率先在全国推行"三互"大通关贸易便利化创新举措，大幅度提升通关效率，节约企业制度性交易成本，显现自贸试验区制度红利。大连片区已将"三互"大通关拓展到整个东北区域，推进了区域通关一体化进程。

22.4 创新成效评估

"三互"大通关使通关时间压缩1/3，手续压缩50%，通关平均成本降低10%；候检时间减少50%以上，使进出口企业得到更多实惠。据舱单申报试点企业测算，录入人工成本减少约1/3；出口运抵报告免费电子申报和传输服务一项，一年为辽宁省外贸企业节约直接成本约1 300万元;港口企业通过一次性集装箱搬移、核封、拖车等措施，每个集装箱节省费用395元。以大连港下属中欧班列平台运营公司大连港新丝路国际物流有限公司为例，实施"三互"大通关后，通关手续由原来的10项缩减为5项，通关时间由过去2天以上压缩至24小时以内，缩短在港时间1～2天。

对企业所进行的"三互"大通关满意度调查结果显示，认为"三互"大通关措施很有效果的企业占比62.34%，认为有效果的企业占比31.16%，如图22-6所示，该项措施的企业满意度高，政策效应显著。

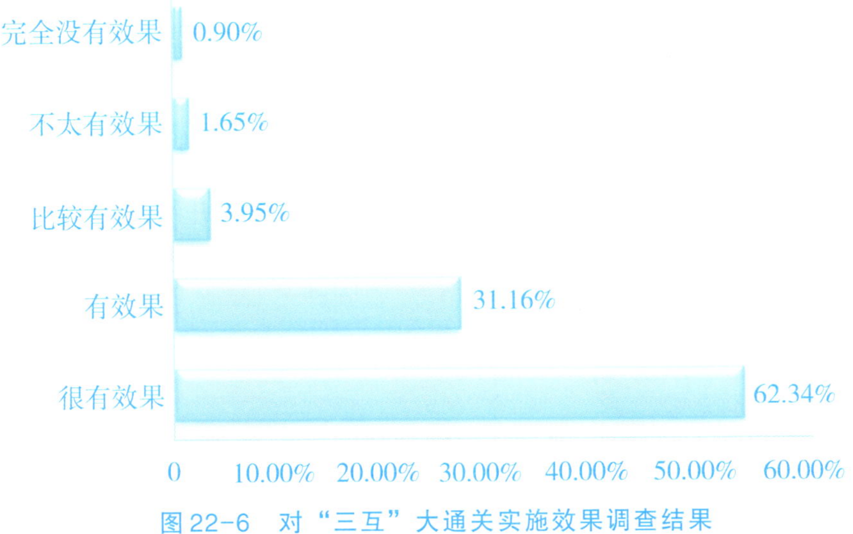

图22-6 对"三互"大通关实施效果调查结果

对“三互”大通关节约通关时间调查结果显示，有59.26%的企业认为节约通关时间一半以上，有30.45%的企业认为节约通关时间一半，如图22-7所示，由此可见，大幅提升通关效率得到89.71%的企业认可。

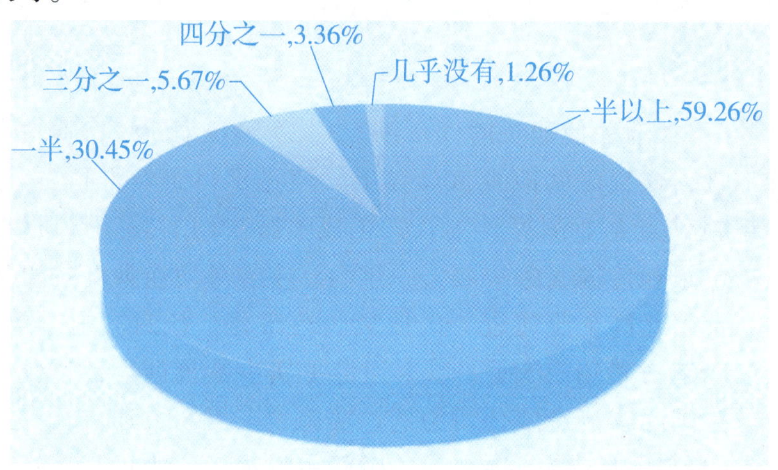

图22-7 “三互”大通关节约通关时间调查结果

22.5 风险评估及防控措施

◈ 品类归责风险及防控措施

检验检疫和关检的检验重点不一样，例如，稻草的关检是看是否有夹藏，检验检疫则侧重检查有没有疫情或病虫害等。有品类归责风险，可通过建立协调机制加以解决。

◈ 数据整合风险及防控措施

海关、检验检疫等口岸监管部门有各自的通关综合业务平台，相互间数据整合有时存在风险，可通过进一步开发和升级相关系统、整合通关数据进行防控。

22.6 复制推广评估

◈ 复制推广的价值

信息互换、监管互认、执法互助的“三互”大通关机制，有效减少通关时间，提高通关效率，节约企业成本，提升贸易便利化水平和国际贸易竞争力。

◈复制推广所需条件

"三互"大通关复制推广包括货物品类推广和地域推广。货物品类推广的条件是风险相对较低、口岸部门易于监管的货物品类。地域复制推广需要当地政府与海关、检验检疫、边防、海事等口岸部门协同推进，对通关报检信息系统、无纸化通关条件、现代化查验手段和工具、共用查验场地有较高要求。

23 创新案例二十三："保税混矿"监管创新

23.1 案例概况

案例描述

"保税混矿"是指将不同产地、不同成分的两种以上的铁矿砂在保税状态下进行配比混合而得的混合铁矿砂。大连港进口的巴西淡水河谷铁矿石主要是含铁量为65.7%的高品位低硅铁矿石及含铁量为61.9%的低品位高硅铁矿石，在大窑湾码头堆场进行物理混合，根据市场需求进行配比，最终销往国内或出口日本、韩国市场。针对大连港进境保税混矿等业务的实际需求，大连出入境检验检疫局在有效执行检验检疫法律法规的前提下，合理设计工作程序，最大程度为企业提供便利，为保税混矿业务提供技术支撑和品控保障。通过多道程序严把安全关，在货物入区时对货物进行放射性监测，同时对有毒有害元素含量实施监测；在货物卸毕后对货物堆存场地、数量及混矿作业过程实施日常监管；在货物出区过程中对货物实施检验并出具品质及重量证书。

保税堆场进口矿石混矿为国内首例，大连出入境检验检疫局组织巴西淡水河谷混矿项目组及大连港等单位进行深入研究，联合大连港矿石码头、大连港散货物流中心建立了定期通报和重大问题沟通协调制度，严把安全关，及时通报和解决检验监管工作中存在的问题；同时主动加强与大连海关的沟通，及时通报工作情况，形成了监管合力，为贸易双方营建科学高效、公平公正的交易环境。

大连港"保税混矿"的创新之处主要体现在业务、制度和管理等方面：简化通关手续，使企业切实享受自贸区带来的便利；有法可依，有据可查，风险较小；规范流程，组织出台《大窑湾海关保税矿砂混矿业务操作指南》，指导业务操作，对接企业需求；检验检疫部门对保税铁矿混矿业务采取“入库报验+放射性检测+元素监测+日常监管+出库检验”五位一体的检验监管模式。大连出入境检验检疫局最大程度满足企业需求，多次就保税堆场的保税功能在启用过程中涉及检验检疫方面的法律法规和检验监管等与企业座谈，做到检验检疫法规宣传在前、为企业答疑解惑在前，了解和掌握企业生产过程中涉及检验检疫监管工作的关键环节，有针对性地制订工作方案。

“保税混矿”的制度创新如图23-1所示。

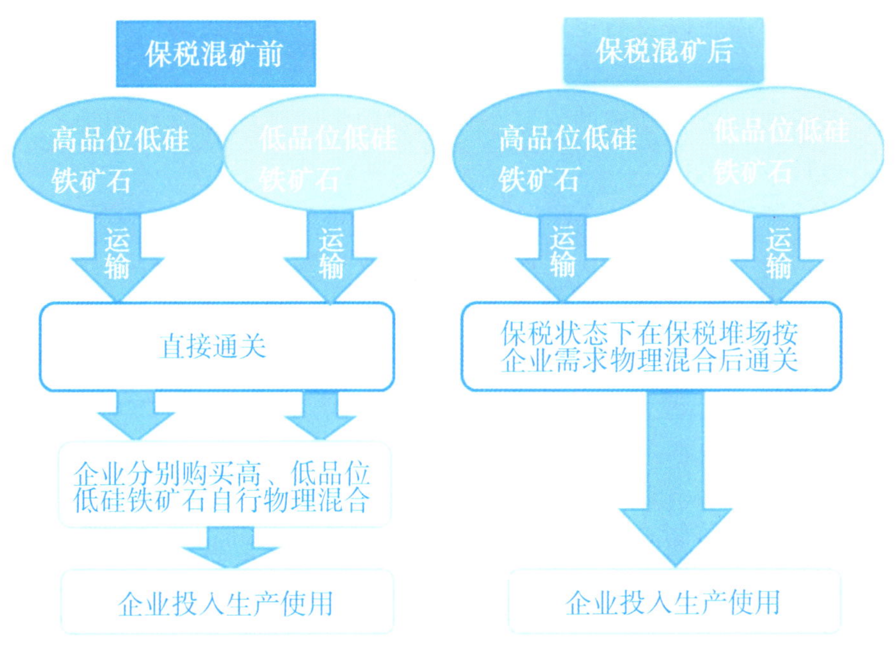

图23-1 “保税混矿”的制度创新

实施效果

混矿业务不仅降低了巴西淡水河谷的混矿成本，也实现了“国外矿山”向中国港口的前移。在大连港矿石码头后方的保税堆场内开展铁矿石物理混配，规范保税堆场混矿业务和检验监管工作，不仅有利于助推大连港口转型，拉动区域经济增长；也有利于促进环渤海及东北亚区域进口铁矿石资源的优化配置与布局，有效降低中国钢厂的采购成本，巩固与强化铁矿石贸易议价能力，进一步提升供应链管理水平。

23.2　评估方法

（1）政府访谈

2017年9月，访谈了大连大窑湾海关检验检疫局相关人员，获取了“保税混矿”的相关信息，具体包括操作方法、创新点、成效、风险点、防控措施以及向更大范围推广所需条件等方面的信息。

（2）专家评价

邀请国际贸易领域的专家，对“保税混矿”的创新性和推广难易度进行打分评价。

（3）问卷调查

2017年9月，辽宁（大连）自贸区研究院评估组综合考虑行业类型、企业属性等因素，选取具有代表性的企业发放问卷，调查企业对“保税混矿”的熟悉度、满意度，以及它的有效性，并了解该领域未来的需求方向。调查采用发放电子问卷的方式，共回收56份。针对回收的问卷，根据三个标准进行筛选，剔除无效问卷：一是问卷中有缺漏项，影响数据分析的有效性；二是答卷者没有认真填答问卷，例如所有条目都圈选同一分值；三是答卷者在答卷时选择分值有矛盾现象，如同一内容题项，前后选择分值相差太大。根据以上三个标准，本次有51份问卷有效，有效问卷率达91%。

对获取样本进行描述性统计，结果如下：

◈企业类型

调查结果显示，参与大连港推出的创新监管措施“保税混矿”问卷调查的企业主要为民营企业，超过企业总体的70%，其次是外资企业，约占20%，如图23-2所示。这也说明，民营、外资企业是自贸区企业的主导力量。

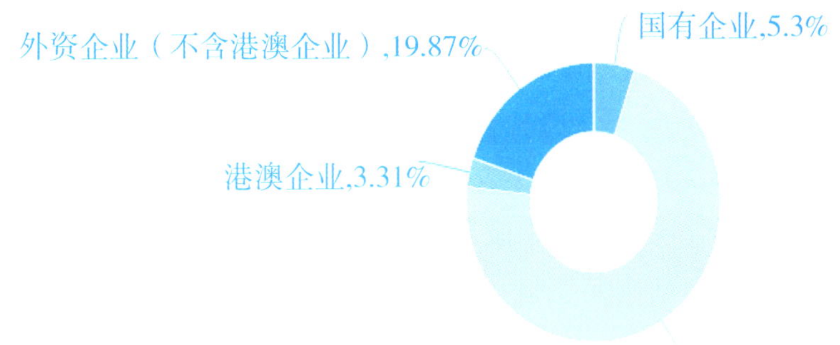

图 23-2 "保税混矿"样本企业性质构成

◈ 企业了解度

调查结果显示，对于大连港推出的创新监管措施"保税混矿"，认为很了解的企业达 10% 以上，但有约 2% 的企业对其完全不了解（如图 23-3 所示），因此大连港需要积极向企业宣传"保税混矿"的创新举措。

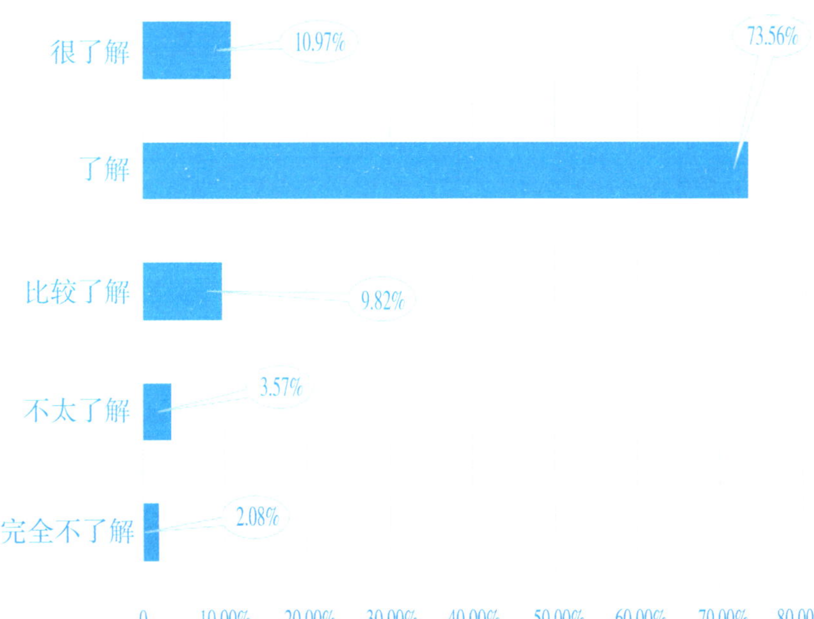

图 23-3 样本企业对"保税混矿"的了解程度

23.3 创新性评估

采用专家评价法这一国内领先做法，选取了国内领先做法、对原有做法改进的程度、功能性增强、改变了原有流程、更好地满足企业要求为指标，设定1～5分的分值表示从非常不同意向非常同意依次渐进，邀请了5位专家按照实际情况打分，取平均分为最终的专家评价分值，其结果见表23-1。从专家打分情况来看，“保税混矿”具有显著的创新性，在严格执行检验检疫监管法律法规的前提下，“保税混矿”制度切实为企业节省了时间成本和操作成本，更好地满足了企业的需求。

表23-1 专家对“保税混矿”制度创新性评估打分情况

保税混矿	国内领先做法	对原有做法改进的程度	功能性增强	改变了原有流程	更好地满足企业要求	专家评价分值
税费流失量	5	4	3	4	5	4.2
企业成本节约	5	4	5	5	5	4.8
企业需求增长	5	5	5	5	5	5

23.4 创新成效评估

统计数据显示，“保税混矿”措施带来了较好的经济效应。截至2017年9月底，大连港矿石码头保税混矿入库量已累计突破1 115万吨，制成混矿1 054万吨，货值45.1亿元人民币，实际征收税款超5.2亿元，2017年1—9月份入库673.5万吨，超2016年总量232万吨，成为大窑湾海关检验检疫局新的税收增长亮点。转口至日本、韩国的混矿量迅速增长，从2017年3月到9月底，转口贸易量共计332.6万吨，占2017年前9个月混矿总量的50.7%。"保税混矿"业务快速发展，帮助企业减负增效显著，2016年一年内帮助企业扭亏为盈，减少亏损8 000万元人民币，2017年前9个月为企业创利9 840万元人民币，使企业切实获得改革红利。

根据调研反馈结果，样本企业对"保税混矿"带来的成效满意度较高，对于"辽宁自贸区获批以来，转口到日韩的混矿业务量是否实现了迅速增长"这一问题，认为比较有效果及以上的企业超过95%，20%的企业认为很有效果（如图23-4所示）。

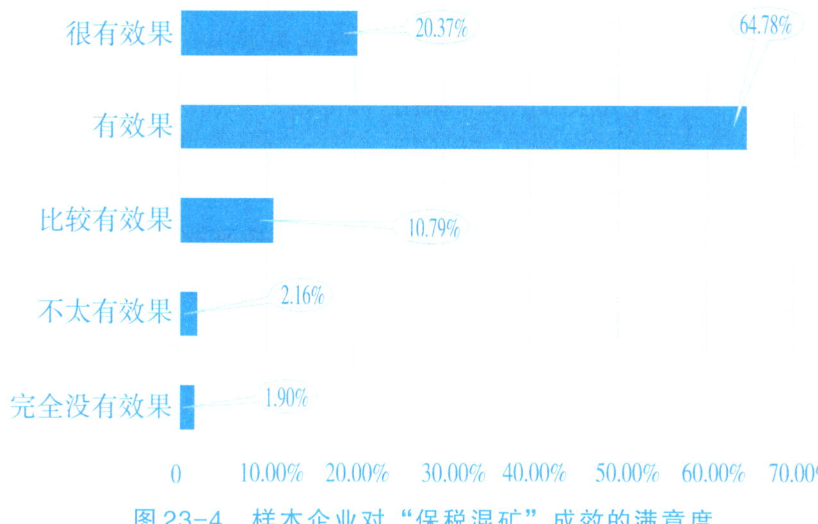

图23-4 样本企业对"保税混矿"成效的满意度

问卷中列举了"大连出入境检验检疫局'入库报备，出库检验模式'是否具体实施"以及"与大连港矿石码头、大连港散货物流中心是否能保证及时沟通"等问题，认为比较有效果及以上的企业超过97%（如图23-5所示）。总体而言，"保税混矿"的监管创新综合成效显著。大连出入境检验检疫局助推大连港散货物流中心保税堆场和矿石分拨与贸易增值服务中心建设，规范检验监管程序，借助监管合力，真正为企业创造了便利。

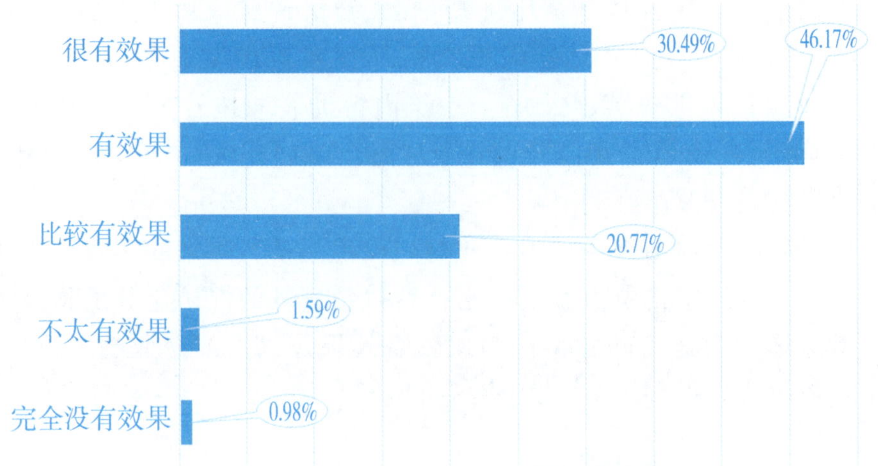

图 23-5　样本企业对“保税混矿”监管创新效果评价

23.5　风险评估及防控措施

“保税混矿”措施主要集中在海关检验检疫局管理层面，目前尚未发现明确风险，但对相关部门政策的把握度和操作的规范性上有较高要求。

23.6　复制推广评估

（1）复制推广的价值

“保税混矿”措施较好对接企业需求，提高海关检验检疫局服务效率，节省企业成本，提升港口转口贸易规模，具有一定的复制推广价值。

（2）复制推广所需条件和难度

复制推广需要具备港口、保税等相关条件。相关部门也应积极对接企业需求，提供灵活性、差异化保税服务。大连港的“保税混矿”措施提供了可供参照的模式，连云港、天津、青岛等港口已先后到大连港参观学习“保税混矿”的经验，这表明，该项措施在复制推广上具有很强的可操作性。

24 创新案例二十四：企业远程自助放行模式

24.1 案例概况

案例描述

大连出入境检验检疫局将贸易便利化理念与信息化技术相结合，依托中国电子检验检疫主干系统（ECIQ）及无纸化报检系统，在全国率先自主研发企业出入境远程自助放行系统（简称放行E通）。放行E通建立了出入境检验检疫部门与企业的电子通道，企业能够快速获得放行指令。放行E通分为企业端和局端，企业端核心功能包括出境通关放行、入境通关放行（进口汽车、进口废物等特殊商品，以及需要备注特殊内容的商品如旧机电产品备案，仍需到窗口办理）、集装箱适载检验的验箱单流水号自助核销、选择报关地，电子数据通关流程信息查询、相关报检放行信息查询、放行信息统计查询等。局端核心功能包括对授权放行企业进行管理、查询放行企业信息、统计报检企业信息等。

放行E通将企业的被动通关行为变为在检验检疫等职能部门监管下的主动行为，在检验检疫工作完成后，将数据发送至系统企业端，企业通过网络在自助设备终端自助申请签发“无纸化通关”指令，实现企业足不出户办理通关放行手续，24小时全天候通关，以信息化提升通关便利化水平，成为构建高水平对外开放平台的有效载体。

企业远程自助放行系统企业端和局端的核心功能如图24-1所示。

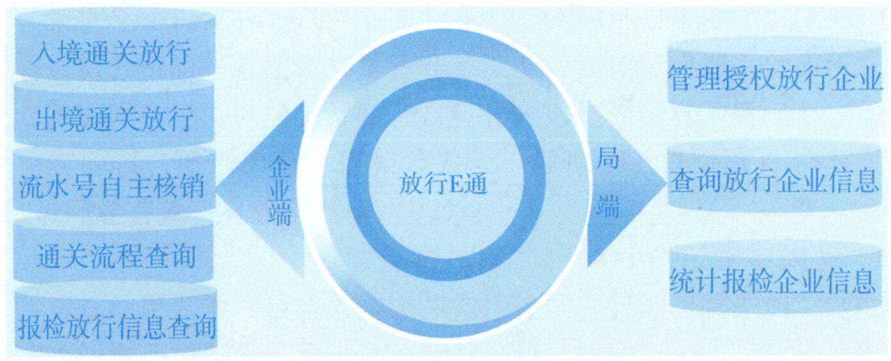

图24-1 放行E通企业端和局端的核心功能

操作方法

考虑货物出入境的风险控制因素，大连出入境检验检疫局首创的企业远程自助放行系统采取小范围先行先试的渐进式改革路径，目前有254家企业申请并获批使用该系统。具体操作方法如下：

◈ 评定用户企业。大连出入境检验检疫局以风险分析和企业诚信管理为基本条件，对目标企业进行信用等级筛查，对信用等级为B级以上、自愿申请使用放行E通的企业进行书面和现场审核，评定放行E通的用户企业。

◈ 在业务部门完成检验结果总结后，通过电子化手段将电子数据提取至企业远程自助放行系统，企业可以通过互联网在企业终端核对放行信息。

◈ 企业自助通关。智能机器助手在中国电子检验检疫主干系统平台上自动完成企业的集装箱核销、通关放行操作，全过程无须任何人工干预，进一步提高了企业通关效率。

创新亮点

企业远程自助放行模式的创新亮点如图24-2所示。

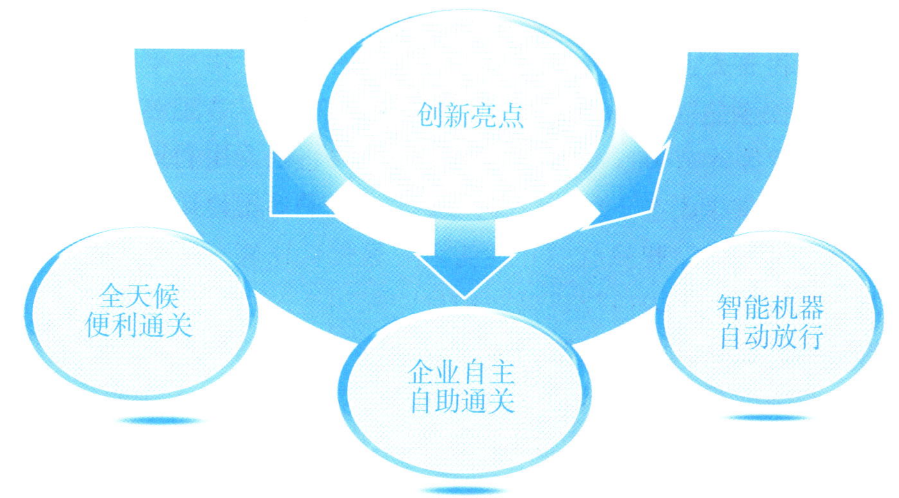

图24-2 企业远程自助放行模式的创新亮点

◈全天候便利通关。大连出入境检验检疫局的企业远程自助放行系统打破了工作时间与非工作时间的界限，打造“24小时不间断放行”“5+2优质服务”“365天顺畅运行”的全天候便利通关新平台。该系统不仅提高出入境检验检疫部门的工作效率，还为贸易企业带来极大便利，将大连片区的口岸环境提升到新水平。

◈企业自主自助通关。放行E通颠覆传统报检模式，将企业由报检放行的被动者变为主动者，企业可根据货物到港时间选择自主报检放行时间。企业无须到出入境检验检疫部门现场履行报检手续，只须通过系统企业端查询放行指令信息即可完成自助通关，不仅大幅节约企业时间成本，还节约仓租和运输成本。

◈智能机器自动放行。放行E通由智能机器助手在系统平台上自动完成企业的集装箱核销、通关放行，全程无任何人工操作，免除对检务执法的人为干预，有效规避执法风险。

简要效果

大连出入境检验检疫局在全国首创的企业远程自助放行模式，颠覆了检验检疫通关传统模式，企业报检人员无须到窗口排队、无须到大厅办理单证审核等报检手续，实现了货物放行全流程自动化处理，全天候便利通关。大幅度提高货物的通关速度，平均每单处理时间由原来的30分钟左右缩短为2～3分钟，有效降低因单证审核、窗口等候通关放行等环节造成的耽误船期所产生的仓租费用和运输费用等成本，为企业节约成本，经济效益显著，得到系统用户的高度首肯。

大连出入境检验检疫局开发的企业远程自助放行系统被辽宁出入境检验检疫局选定为科技成果展项目，顺利通过辽宁出入境检验检疫局科研项目验收，代表辽宁出入境检验检疫局到质检总局信息化成果展会中参展。相关媒体对企业远程自助放行系统的运行情况、企业反响进行追踪报道，受到社会关注。

24.2 评估方法

企业远程自助放行模式评估方法如图24-3所示。

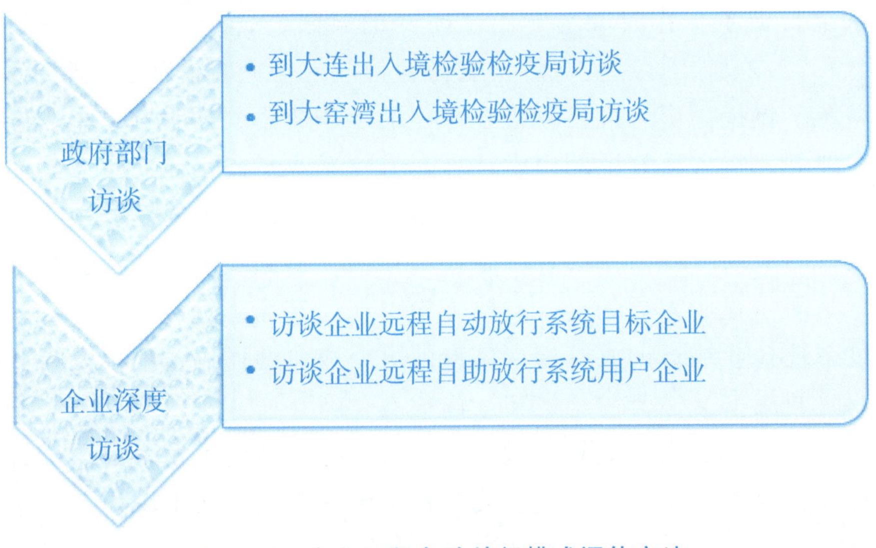

图24-3 企业远程自助放行模式评估方法

24.3 创新性评估

大连出入境检验检疫局在全国首创的企业远程自助放行模式，使企业可以根据货物到港时间自主安排放行时间，做到精准化通关，企业由被动变为主动，是对传统检务单证窗口放行模式的颠覆性改变。与传统通关放行模式相比，企业远程自助放行模式制度优势突出，具体见表24-1。

表24-1　　企业远程自助放行模式创新前后对比

制度创新前		制度创新后	
模式	◇检务单证窗口放行模式 ◇缺点：企业对货物通关时间安排不精确，甚至在单证审核、等候放行环节出现错误时需多次往返企业与检验检疫局之间，增加工作负担和成本	模式	◇远程自助放行模式 ◇优点：企业自主自助放行，极大地提高了检务工作效率和企业通关效率，将贸易便利化提升到较高水平
操作方法	◇现场单证审核、打印通关单或人工通关 ◇缺点：企业通关时间安排不精确，会产生仓租费用和运输费用，加重企业经济负担	操作方法	◇企业远程自助办理，24小时全天候自动化通关放行 ◇优点：通关时间精准，大幅减少检验检疫窗口工作量，缩短通关时间，节约企业仓储、运输成本

辽宁自贸试验区大连片区企业远程自助放行系统，在国内首创电子化、智能化、自动化通关模式，将大连的贸易便利化水平提升到新高度，与上海自贸试验区检验检疫放行系统相比，具有显著的创新性和便利性，具体见表24-2。

表24-2　与上海自贸试验区检验检疫通关放行系统对比

辽宁自贸试验区大连片区		上海自贸试验区	
模式	◇企业远程自主自助操作，24小时不间断放行、“5+2优质服务”、“365天顺畅运行” ◇效率：平均每单处理时间为2~3分钟 ◇优点：企业精准、高效报关放行	模式	◇中国电子检验检疫主干系统（ECIQ）验货放行 ◇效率：平均每单处理时间为15分钟 ◇缺点：企业自主性不够，存在报关单过期风险，不能自助放行
操作方法	◇书面和现场审核评定用户企业 ◇业务部门完成检验后将电子数据提取至企业远程自助放行系统 ◇授予企业报检人员系统操作权限，在企业端核对放行信息，由智能机器助手完成集装箱核销、通关放行操作	操作方法	◇ECIQ系统和无纸化系统结合，对申报单证自动受理、自动审核、自动发送电子指令 ◇电子数据一键发送、通关信息一键读取、放行指令一键控制

辽宁自贸试验区大连片区在全国首创的企业远程自助放行模式，赋予诚信企业充分的自主权，实现企业“7×24小时”全天候自主自助放行通关，极大地提高通关效率，使报检通关由电子化时代跃升至智能化、自动化新时代，打造大连片区贸易便利化的新高度。

24.4 创新成效评估

企业远程自助放行系统能够“7×24小时不间断通关”“365天顺畅运行”，平均每单处理时间为2～3分钟，仅为原来的十分之一，极大地提高了检务工作效率和企业通关效率。截至2017年10月，共有254家企业使用企业远程自助放行系统，为企业端放行共计45 645批次，实现核销集装箱流水号操作13 248批次，为企业节省时间近23 000小时。货物通关速度的大幅度提高，有效降低因单证审核、窗口等候、通关放行等环节造成的船期耽误产生的仓租费用，为企业节约费用约450万元。对于报检业务量较大的企业来说，企业远程自助放行系统为它们带来更大的贸易便利化红利。

24.5 风险评估及防控措施

◈ 箱号确认错误风险及防控措施

部分企业会因输入错误的集装箱箱号信息，使集装箱箱号确认出现问题，从而导致系统放行出现问题，无法完成自助放行。可通过加强企业报检人员培训，建立企业录入报检信息复核制加以解决。

◈ 系统稳定性风险及防控措施

企业远程自助放行系统运行于中国电子检验检疫主干系统之下，主干系统升级可能导致企业远程自助放行系统不稳定或无法正常使用。应与中国检验检疫局建立升级前预告机制，实现企业远程自助放行系统与主干系统同步升级。

24.6 复制推广评估

◈ 复制推广的价值

企业远程自助放行系统实现了“7×24小时”全天候通关，极大提升外贸企业出入境便利化程度，大幅提高检验检疫部门的检务工作效率和企业通关效率，大幅压缩通关时间，有效提高企业的获得感。目前，辽宁省出入境检验检疫局已向全省推广企业远程自助放行系统。

◇复制推广所需条件

企业远程自助放行系统复制推广需要两方面条件：一是外贸企业的信用等级较高，至少达到B级以上，能够做好自我控制、自我管理；二是具有良好的技术平台和技术支持，能够对通关风险进行有效防控，在便利化和风险防控之间求得最佳平衡。

25　创新案例二十五：检验检疫快检通关“六化”新模式

25.1　案例概况

为顺应“放管服”改革和自贸试验区建设要求，辽宁大窑湾检验检疫局结合一线实践积累和信息化建设成果，以出入境船舶、集装箱、货物及其检验检疫状态实时掌控为基础，以系统互联、数据比对、视频监控、移动快检、闸口管理、远程定位等为手段，应用互联网、大数据、云计算等技术手段，通过自主开发的无纸化申报、随机化布控、移动快检、闸口管理电子识别等业务系统构建了“大窑湾口岸综合业务管理平台”。检验检疫局利用该平台与系统内的ECIQ业务主干系统以及港口、各口岸监管部门系统的对接，实现业务互联、互通，建立健全功能模块，形成报检无纸化、抽查随机化、执法菜单化、记录电子化、监控可视化、放行自动化的检验检疫新模式。该模式包括以下内容（如图25-1所示）。

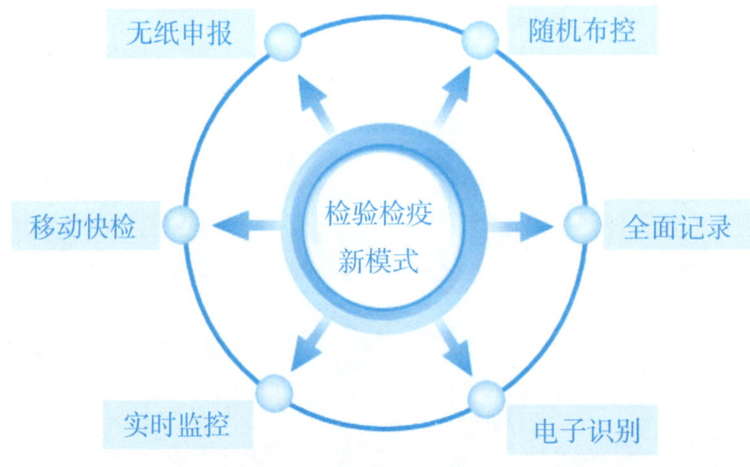

图25-1　检验检疫快检通关新模式的基本模块

◇ 无纸申报：企业通过“无纸化申报系统”，可足不出户、全天候24小时，对进出口商品进行录入申报。

◇ 随机布控：利用“随机化布控子系统”中的“抽查布控”和“风险预警”模块，根据监管要求、预警指令和企业失信数据等规则，对商品品种、来源国、企业代码等信息进行分析研判，科学锁定布控货物，并随机选定检验人员。

◇ 移动快检：通过“移动快检子系统”针对不同查验品种的监管要求，将执法规则和查验要素加载到电子系统之中，建立菜单式执法操作模式。

◇ 全面记录：现场执法查验全面推广“执法记录仪”设备，对货物标签、封号、数量、外观状态等关键查验信息核对、拍照记录、结果登记、货物放行等执法环节的移动操作和电子记录。

◇ 实时监控：在大窑湾港内的集中查验场地等主要查验场所内，多角度设置高清摄像头，视频信号接入大窑湾检验检疫局局本部指挥中心，及主管局长和科室负责人的办公电脑，对一线检验工作的实时监控。

◇ 电子识别：通过“闸口管理电子识别子系统”建立检验检疫业务管理系统（ECIQ）与码头电子系统的桥梁，对进境集装箱货物的电子监控管理，码头依据检验检疫电子放行指令实施货物放行。

25.2 评估方法

◇ 政府部门访谈

2017年9月，多次重点对大窑湾检验检疫局和海关进行访谈，深入了解推出快检通关“六化”新模式的背景、目标及操作细则，从宏观层面了解落实效果，并收集相关资料和案例素材。

◇ 企业深度访谈

通过深度走访具有代表性企业，听取企业对快检通关“六化”新模式的影响度和满意度，以及企业对该模式进一步提升的建议，从市场发展需要的角度对创新措施的落地性进行评估。

◈ 专家评价法

邀请贸易领域的专家，对快检通关“六化”新模式的创新性和推广难易度进行打分评价。

◈ 企业问卷调查

综合考虑行业属性、企业类型等因素，选取具有代表性的企业发放问卷，调查企业对快检通关“六化”新模式的使用感知和效用，并了解在该领域未来的需求方向。

通过纸质和电子问卷两种方式，共回收356份。针对回收的问卷，根据3个标准进行筛选，剔除无效问卷：一是问卷中有缺漏项，影响数据分析的有效性；二是答卷者没有认真填答问卷，例如所有条目都圈选同一分值；三是答卷者在答卷时选择分值有矛盾现象，如同一内容题项，前后选择分值相差太大。根据以上3个标准，本研究从356份问卷中筛选出324份有效问卷，有效问卷率达91%。

从企业类型看，民营企业占到样本量的69.71%，外资企业（不含港澳企业）占22.86%，二者构成了样本的主体部分。另有国有企业和港澳企业，分别占4.57%和2.86%，体现样本企业类型的多样性（如图25-2所示）。

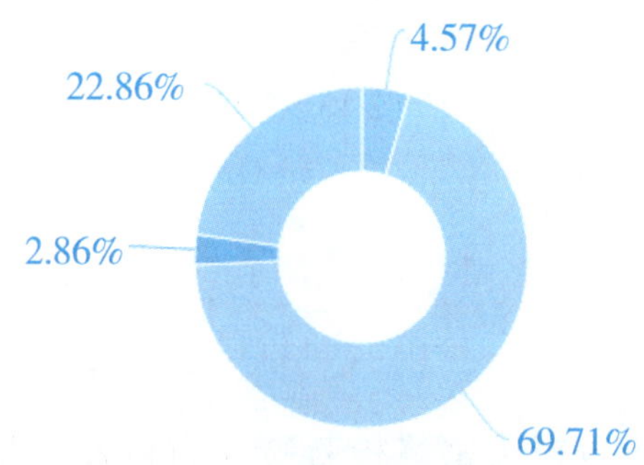

图25-2 样本企业类型

从企业属性来看，有限责任公司占总样本量的78.29%，成为调研样本的主要构成部分。另有独资企业、股份有限公司、有限合伙企业和普通合伙企业，表明样本结构合理（如图25-3所示）。

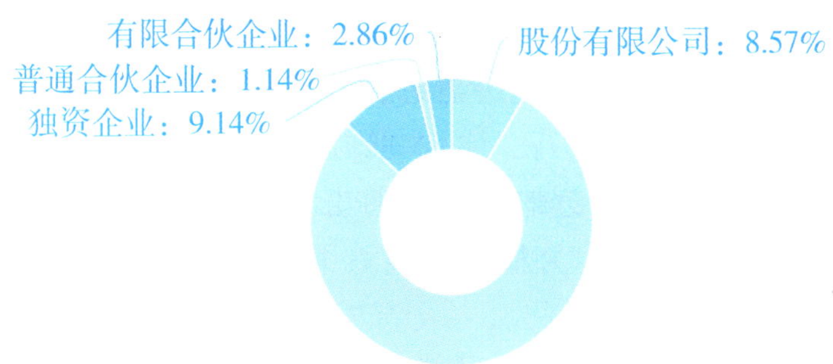

图25-3 样本企业属性

25.3 创新性评估

以“大窑湾口岸综合业务管理平台”为依托，通关新模式展现出“六化”亮点（如图25-4所示）。

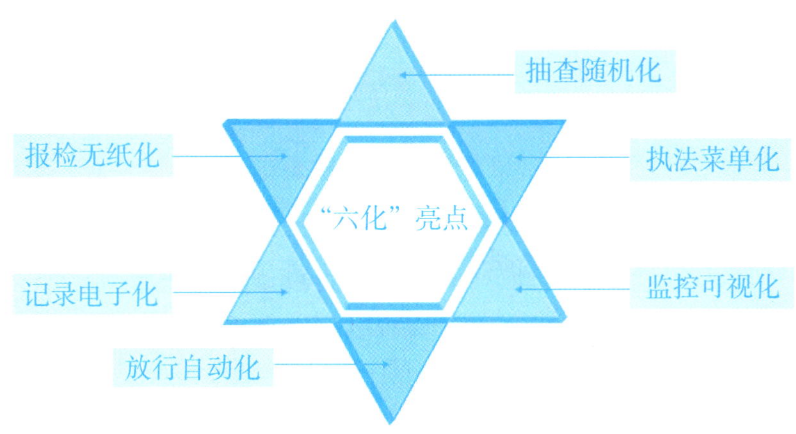

图25-4 检验检疫快检通关新模式的“六化”亮点

◈ 报检无纸化：通过“无纸化申报系统”对所有进出口商品无纸化报检操作，所有报检材料均可实现电子化传递、调阅、存档功能。

◈ 抽查随机化：研判商品信息，形成“双随机+风险预警+失信惩戒”三位一体的抽查机制。

◈ 执法菜单化：通过菜单式执法操作模式，检验人员可通过移动执法终端现场调阅报检电子材料，并查询执法要求，有效提高执法决策精准度。

◈ 记录电子化：利用执法记录设备在多环节记录多重信息，对现场查验合格货物直接放行，实现“即查即放”“快查快放”。

◈ 监控可视化：通过船舶、交通工具监控子系统实时监控货物来源及物流流向轨迹，为检验检疫一体化的过程监控提供保障和支持。

◈ 放行自动化：实现进境集装箱货物的电子监控管理，对合格的商品自动放行。

针对“六化”亮点，对比原有措施，利用专家评价法，以“国内领先做法、对原有做法大规模改进、功能性增强、改变了原有流程、更好地满足企业要求”为指标，1~5的分值表示从非常不同意向非常同意依次渐进，请5位专家按照实际情况打分，取平均分为最终的专家评价分值（见表25-1）。

表25-1 检验检疫快检通关“六化”模式创新性评估

<table>
<tr><th>原有做法</th><th>快检通关“六化”新模式</th><th>专家评价分值</th></tr>
<tr><td rowspan="2">◇企业需要通过系统提交申报数据完成预录入，并提交全套纸质报检单据到检务窗口办理正式报检手续；
◇检务部门通过内部流转将全套纸质单据传递给检验检疫驻港区的各施检部门，施检工作完成后，各施检部门再将纸质单据通过内部流转返回到检务部门进行出证、归档等工作</td><td>报检无纸化</td><td rowspan="2">4.8</td></tr>
<tr><td>◇全天候24小时，实现对进出口商品信息、随附单据的网络申报、传递；
◇所有报检材料均可实现电子化传递、调阅、存档功能；
◇未抽批抽中货物“即报即放”</td></tr>
<tr><td rowspan="2">◇根据货物品种、抽查比例以及国家发布的预警通报和企业诚信状况，人工货物抽批判定，确定需要查验货物，然后人工指派检验人员实施检验</td><td>抽查随机化</td><td rowspan="2">5</td></tr>
<tr><td>◇全面推行“双随机+风险预警+失信惩戒”三位一体的抽查机制</td></tr>
</table>

续表

原有做法	快检通关“六化”新模式	专家评价分值
◇现场查验人员手持全套纸质单据，根据预先掌握的检验监管要求，凭经验完成对查验货物的检疫查验等工作	执法菜单化 ◇现场查验人员通过移动执法终端APP获得待查验货物的菜单式执法要求进行操作	4.8
◇现场查验人员手工填写到纸质查验记录中。必要时自行拍照（无硬性要求），自行留存； ◇现场查验结束后，检验人员需返回办公室通过电脑上完成结果登记及放行等操作	记录电子化 ◇现场查验人员通过移动执法终端实现对查验货物标签、封号、数量、外观状态等查验关键信息的图像以及执法全过记录，并直接上传系统留存	4
◇不实施查验现场监控	监控可视化 ◇通过在港口、集中查验场地设置多角度高清监控摄像头，实时将监控视频信号传入快速通关指挥中心，实现对现场查验工作的实时监控	4.4
◇过去口岸放行采用的“一章（放行章）一单（提货单）”的签字盖印放行和电子放行两种模式的同步并行； ◇企业申请放行需携带纸质提货单到检验检疫港内窗口办理签字、盖印手续，随后方可到码头办理提货	放行自动化 ◇码头依据检验检疫电子放行指令实施货物放行	4.8

通过专家评价分值可见，6个创新点中的报检无纸化、抽查随机化、执法菜单化和放行自动化分别得4.8分、5分、4.8分和4.8分，表

明该4项功能创新性高。记录电子化和监控可视化分别得4分和4.4分，表明创新性较高。

25.4 创新成效评估

快检通关“六化”新模式实现了监管更规范、通关更便捷、执法更透明、协作更高效的效果（如图25-5所示）。

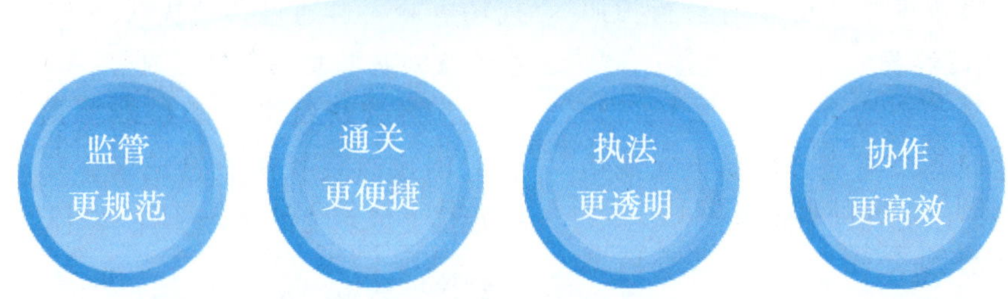

图25-5 检验检疫快检通关新模式的成效

◈ 监管更规范

◇检验检疫无纸化作业模式为执法行为的规范化提供了科学保障。三位一体的抽查机制使得货物布控更加科学、合理、准确，避免人为干扰和风险研判信息缺失，在实现对货物科学严密监管的同时，有效节约检验检疫施检资源。

◇菜单化执法实现了全方位、立体化、精准化的执法监管创新模式，实现查验人员通过移动终端APP解决“查谁、谁查、查什么、怎么查”+菜单式电子记录+现场应急指挥处置问题，将施检要求进行系统固化，解决执法尺度不统一、执法随意等问题，限制一线自由裁量权，切实提高执法水平和执法安全。

◈ 通关更便捷

◇无纸化报检使得企业不必携带纸质单据在公司和报检窗口间往返办理手续，有效解决企业因更改单据所造成的重复往返，报检环节平均可为企业缩短工作流程1个工作日，以年无纸化申报15万批测算，仅交通成本便可为企业节约近1 500万元人民币。

◇放行自动化使得运行了20余年进口集装箱装载货物检验检疫闸口放行纸面签字、盖印手续全面取消，每批次进口货物将平均减少1~3小时通关时间。对现场查验合格货物实现即查即放，可更大程度发挥集中查验场地效能，对于未抽批抽中货物，从受理申报到企业收到放行指令全程不到30秒钟，口岸通关进入“秒放”阶段。

◈执法更透明

◇“双随机一公开”是推进阳光执法、规避执法“潜规则”的有效途径，检验检疫无纸化作业模式使得执法各环节公开、透明、有留痕。通过在报检大厅设置双随机公布显示屏，实时向行政相对人反馈随机查验批次、场地和随机查验检验检疫人员信息。

◇通过监控可视化系统，可实时对一线执法工作进行监控管理；利用电子化记录可有效复现执法过程，实现过程、风险、责任的多重回溯，有利于检验人员自证清白，澄清执法争议。

◈协作更高效

◇检验检疫局利用综合业务管理平台与港口、各口岸监管部门系统有效对接，实现数据信息互通。通过与口岸联检部门对船舶申报、查验监管信息的互通共享，有效减少企业重复申报，节省代理交通费用近65万元人民币。

从企业层面来看，样本企业对检验检疫快检通关“六化”新模式带来的成效高认可度，对于“真正节约时间成本”这一问题，认为比较有效果及以上的企业占到100%，实现了百分之百的认可率，认为很有效果的企业更是达67.35%（如图25-6所示）；对于“真正节约资金成本”这一问题，比较有效果及以上的企业占到98.44%（如图25-7所示）。

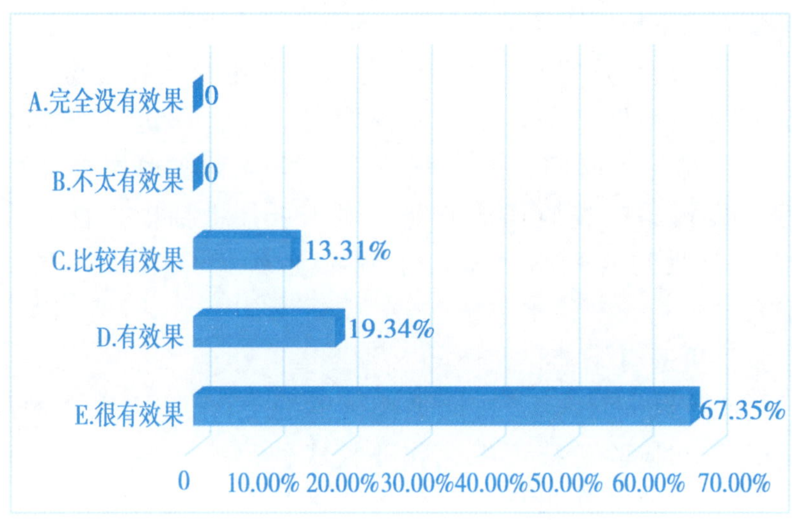

图25-6 “真正节约时间成本”的企业反应

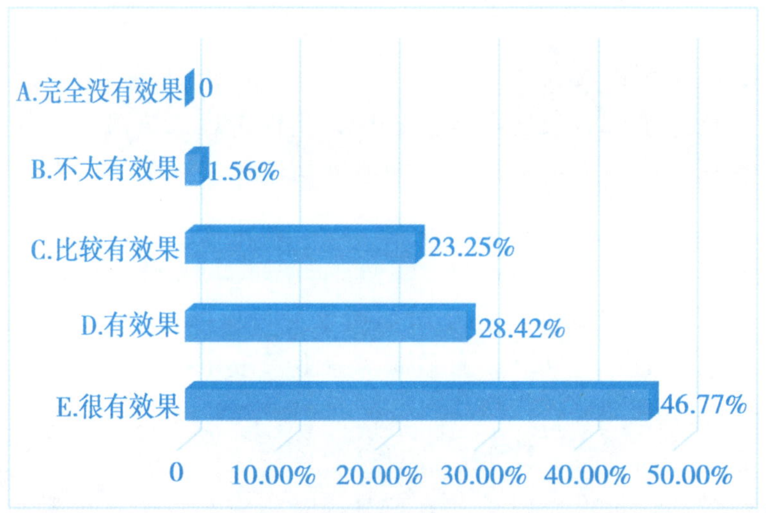

图25-7 “真正节约资金成本”的企业反应

在节约时间成本和资金成本的有效性调查基础上，又从整体调查了企业对检验检疫快检通关“六化”新模式的满意度。认为比较满意及以上的企业占到98.57%，认为很满意的企业更是达样本的半数以上（如图25-8所示）。

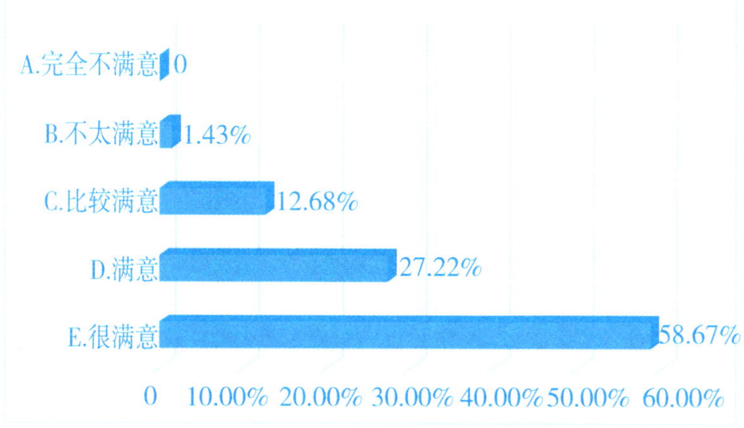

图25-8 企业对检验检疫快检通关“六化”新模式的满意度

25.5 风险评估及防控措施

◇随机抽查货物范围窄的风险及防控措施

在抽查随机化方面，目前货物风险研判的要素还仅限于商品编码、来源国、企业代码等少量信息，而无法将货物、贸易、海运中存在的大量信息纳入研判范围，大数据支撑的能力和程度有限，导致随机抽查范围较窄而遗漏具有风险的货物。针对该风险，可通过“单一窗口”的建设，使得更多的标准化数据源纳入研判之中，提高风险评估的准确性和科学性。

◇未全领域、全流程无纸化及防控措施

在报检无纸化方面，一些国外官方出具的证书（如卫生证书、原产地证书等），由于缺少信息化联网平台，所以还必须要求企业提供纸质证书原件，进行核对、审查和防伪识别。检验检疫机构施检完成后出具的有关证书仍然为纸质，未能实现全领域、全流程无纸化。针对该问题，可完善电子证书信息平台，拓展创新内容，打造“证书电子化”模式，为产品溯源、公众查询提供便捷途径，也可有效防止证书造假、买卖等不法行为的发生。

25.6 复制推广评估

◈ 复制推广价值

以报检无纸化、抽查随机化、执法菜单化、记录电子化、监控可视化、放行自动化为特点的检验检疫新模式能够为企业节约时间和资金成本，提高通过效率，对公正执法、透明执法有推动作用。

◈ 复制推广所需条件

检验检疫快检通关“六化”新模式复制推广需以集成各功能模块的综合业务管理平台为基础，大窑湾检验检疫局兼顾全国出口检疫部门共性需求，主体模块可直接复制使用；该模式对海关等口岸部门协同作业的要求较高，信息互通，传递电子指令；此外，在复制推广过程中需向企业做好新模式的专题宣传和培训工作。

◈ 推广难易度评估

为评价其推广难易度，仍利用专家评价法，以推广价值大、实施壁垒低、推广条件的可获性为指标，1~5的分值表示从非常不同意向非常同意依次渐进，请5位专家按照实际情况打分，取平均分为最终的专家评价分值，得分越高表明越容易推广（见表25-2）。

表25-2 检验检疫快检通关“六化”新模式复制推广评估

推广价值	推广条件	推广难易度
◇节约时间成本 ◇节约资金成本 ◇提高通过效率 ◇推动公正执法、透明执法	◇集成各功能模块，建立综合业务管理平台 ◇口岸部门协同 ◇做好专题宣传和培训工作	4.8（易推广）

根据专家评价，检验检疫快检通关“六化”新模式推广价值较大、实施壁垒低、推广条件易获取，其推广难易度最终得分4.8分，表明该模式易推广。

26 创新案例二十六：自贸金融在线服务平台

26.1 案例概况

（1）案例描述

中国人民银行大连市中心支行及所辖金州新区中心支行为进一步推进辽宁自贸试验区大连片区金融改革与服务创新，运用“互联网+金融”创新理念，推动建设“自贸金融在线服务平台”。该平台于2017年6月22日正式上线测试，并于2017年8月20日正式运营，为辽宁自贸区大连片区新注册企业提供网络在线金融服务。该平台启用后，将自贸区内新注册企业的人民币结算账户办理业务、企业机构信用代码证业务、外汇收支企业名录登记与大连市支行自主开发的小微企业金融服务平台加以整合，实现辽宁自贸试验区大连片区新设企业即时开立账户、即时纳入征信系统管理、即时办理外汇收支企业名录登记、即时实现融资对接。

（2）操作方法

◈ 人民币结算账户办理业务流程

新注册企业向商业银行提交营业执照、法人身份证原件及复印件，填写开户申请书；商业银行对开户资料进行审查，并对法人身份证进行联网核查；核查通过后商业银行在人民币银行账户管理系统中进行数据录入；商业银行将待核准的企业开户资料通过自贸金融业务在线服务平台上传至人民银行；人民银行收到企业开户相关信息后在人民币银行结算账户管理系统中进行核查，通过后打印开户许可证的正副本及企业查询密码；企业在商业银行直接可查询到开户核准号，即可办理机构信用代码证等其他业务（如图26-1所示）。

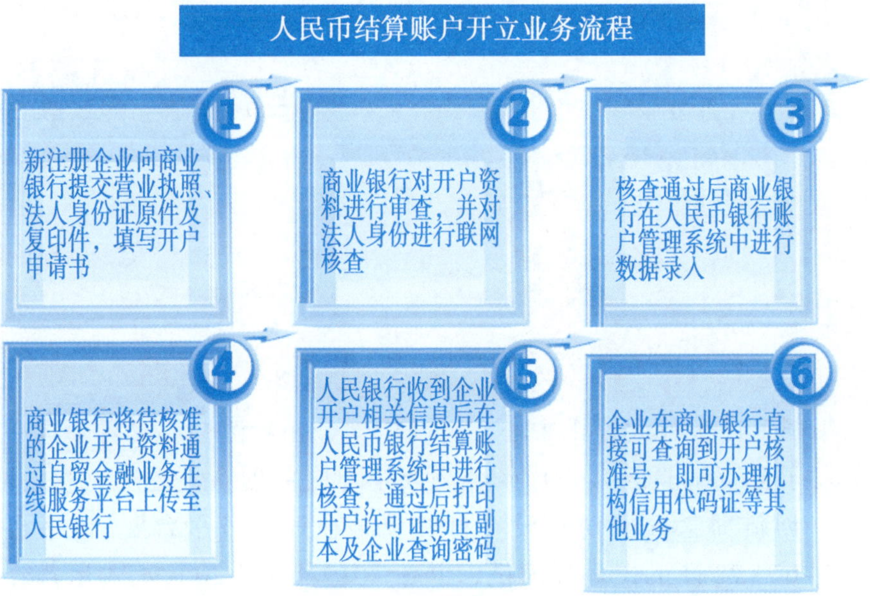

人民币结算账户开立业务流程
1
新注册企业向商业银行提交营业执照、法人身份证原件及复印件，填写开户申请书
2
商业银行对开户资料进行审查，并对法人身份进行联网核查
3
核查通过后商业银行在人民币银行账户管理系统中进行数据录入
4
商业银行将待核准的企业开户资料通过自贸金融业务在线服务平台上传至人民银行
5
人民银行收到企业开户相关信息后在人民币银行结算账户管理系统中进行核查，通过后打印开户许可证的正副本及企业查询密码
6
企业在商业银行直接可查询到开户核准号，即可办理机构信用代码证等其他业务

图 26-1 人民币结算账户办理业务流程

◈ 企业机构信用代码证业务办理流程

企业向开户行提交业务办理资料，开户行对资料进行初审；开户行上传影像资料，提交给人民银行；人民银行审核材料，打印机构信用代码证；开户行将纸质材料送人民银行，领取纸质机构信用代码证（如图 26-2 所示）。

01
提交申请
企业向开户行提交业务办理材料，商业银行对材料进行初审并将信息录入到机构信用代码系统
02
上传资料
开户行上传影像材料，提交给人民银行
03
申请发证
人民银行接收材料，并在机构信用代码系统中进行核查，核查通过后打印机构信用代码证
04
现场交付
开户行将材料原件送至人民银行，并领取纸质机构信用代码证

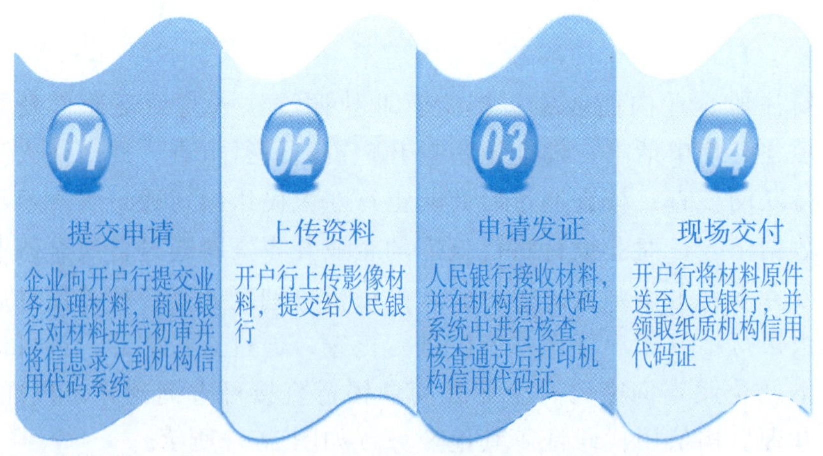

图 26-2 企业机构信用代码证办理流程

◈ 外汇收支企业名录登记办理流程

商业银行人员认真审核申请加入“货物贸易外汇收支企业名录”的企业提供的所有材料；商业银行将审核无误的资料通过平台扫描上传至外管局业务窗口；外管局窗口审核扫描材料，将企业信息录入到货物贸易监测系统中，开通企业网上办理业务功能，并将受理信息反馈至商业银行；由商业银行向外管局移接业务材料原件，留存备查（如图 26-3 所示）。

图 26-3 外汇收支企业名录登记办理流程

◈ 金融服务平台对接

自贸试验区行政大厅与人民银行金州新区中心支行通过城域网专线连接，进行视频互动和文件传输。企业可登陆互联网，访问小微企业金融服务平台网站，通过录入基本信息、融资需求信息，搜索合适的金融产品。银行通过金融城域网，登录综合信息管理系统访问核心数据库，录入金融产品信息，寻找目标客户（如图 26-4 所示）。

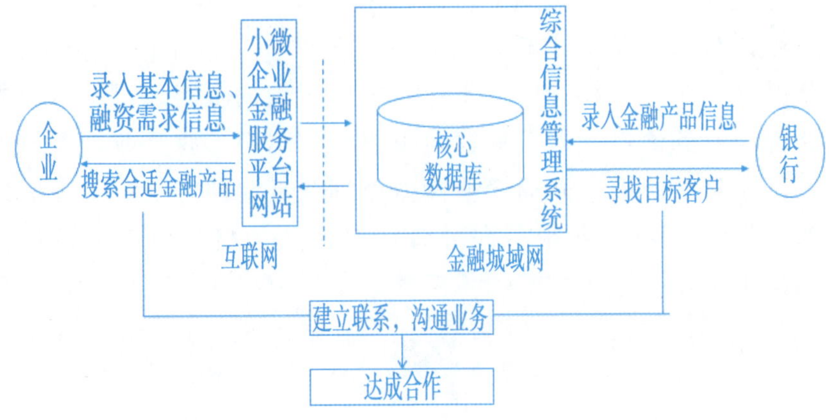

图26-4 金融服务平台对接办理流程

（3）主要成效

“自贸金融在线服务平台”运用科技手段，实现自贸试验区新设企业行政注册登记和人民银行业务柜台网络互联，实时交互认证。企业可在第一时间直接获取开户、征信许可；可在线查询600多种银行金融服务产品；可向全市50多家金融机构提出贷款、结算等服务需求申请。该平台上线以来累计为大连自贸片区83家新注册企业完成开户及征信申请审批，为3家新注册企业完成外汇账户申请审批，为企业节省时间累计超过400个工作日，优化了营商环境，提高了工作效率。

26.2 评估方法

（1）创新主体访谈

2017年9月，对中国人民银行金州新区中心支行、奥远集团（技术支持方）进行访谈，深入了解推出“自贸金融在线服务平台”的背景、目标、实施细则、实施过程及落实效果，并收集相关佐证材料。

（2）企业深度访谈

2017年9月开始，对应用平台服务的相关企业进行访谈调研，具体了解企业对“自贸金融在线服务平台”的感知效果，并收集相关企业对该平台进一步改进的建议和意见，对该平台实施成效进行质性评估。

(3) 企业问卷调查

面向使用该平台服务的企业设计结构化调查问卷，通过网络平台向相关企业、机构进行问卷调查。问卷题项以了解平台业务流程、创新性、创新成效、风险感知、防控措施以及复制推广条件为主要目标和结构，对“自贸金融在线服务平台”进行量化评估。问卷调查范围覆盖目前全部使用该平台的企业和机构，回收有效样本83份，其中民营企业占比76.92%、外资企业占比20.83%，符合调查预期及样本统计分布要求（如图26-5所示）。

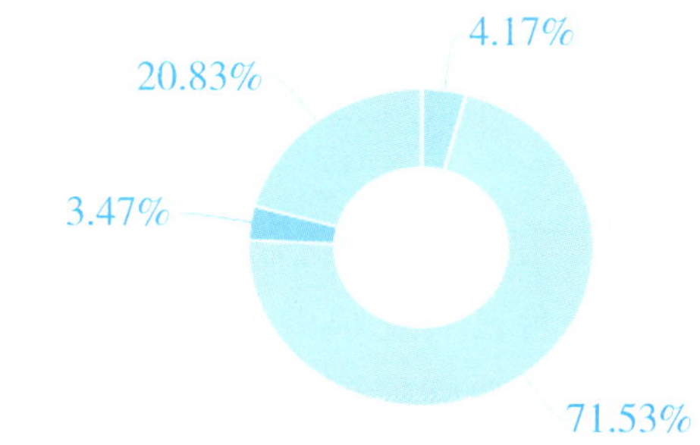

图26-5 问卷调查样本分布

(4) 专家评价法

邀请金融管理、企业管理、国际贸易等相关领域专家，组织座谈、研讨和会评，结合先期自贸区金融创新案例情况，对“自贸金融在线服务平台”创新性、创新成效、风险防控及复制推广难易度等进行打分评价。

26.3 创新性评估

(1) 创新点

◈ 业务流程创新

“自贸金融在线服务平台”从横向和纵向两个维度对金融服务业务流程进行创新性整合。横向维度实现自贸试验区新注册企业人民币结算账户开立、机构信用代码证办理、外汇收支登记、金融服务对接的“3+1”式集约办理，相关企业可通过一次提交材料完成3项业务及1项服务对接；纵向维度实现窗口服务和纵向审批的一体化流程，通过网络技术平台和应用实现自贸试验区服务大厅窗口、商业银行窗口和人民银行后台审批的“短线”链接和即时办理。

◈ 技术应用创新

“自贸金融在线服务平台”对互联网技术在金融服务领域的应用进行有效创新。金融服务行业对信息化有较高风险防控要求，相关服务系统独立并与互联网实施物理隔离。该平台通过与网络运营商的充分协调和论证，对人民银行和自贸服务大厅、商业银行等窗口单位实施专线网络连接，既实现引入互联网技术在服务创新方面高效率、低成本的技术优势，又保证独立内部管理系统的安全性。

◈ 系统开发创新

“自贸金融在线服务平台”在系统开发方面表现出较好的开放性、兼容性和拓展空间。目前该平台已实现小微企业金融服务平台的嵌入式整合，并且具有继续拓展平台功能的可观预期空间。另外，该平台的系统开发，实现金融服务流程改造优化的逻辑和结构测试，为其他金融服务业务的流程创新和功能拓展奠定技术应用基础。

（2）创新评价

“自贸金融在线服务平台”应用前，企业办理人民币结算账户开立业务，需首先向商业银行提交营业执照、法人身份证并填写申请书，商业银行核查后将材料由专人报送至当地人行，人民银行予以审核。机构信用代码证业务的办理，也需经过向开户行申请、人工报送材料、人民银行核准等步骤。

“自贸金融在线服务平台”上线后，企业在自贸大厅办理的注册登记业务与人民银行柜台业务实现网络互联，人民银行金州新区中心支行的开户许可人员和征信接入管理人员与自贸大厅的商业银行工作人员，通过互联网在线视频，实时交互认证。这些流程中涉及的企业基础信息、申请信息、审核信息、办理结果等，都可通过网络平台实时在线显示。整个流程的办理，只需企业填一次申请、准备一次材料，就可办结。同时，企业还可在线查询600多种银行金融产品，向全市50多家金融机构提出贷款、结算等服务需求申请，实现有效对接。

将“自贸金融在线服务平台”与原有做法进行对比，利用专家评价法，以“是国内领先做法、对原有做法大程度改进、功能性增强、改变了原有流程、更好地满足企业要求”为指标，1~5的分值表示从非常不同意向非常同意依次渐进，请5位专家按照实际情况打分，取平均分为最终的专家评价分值。

从评分结果看，该平台服务创新方面的创新程度较高，同时在内部制度改进和信息化管理方面的创新程度也较为突出。总体创新性得分4.53，达到较高水平（见表26-1）。

表26-1 平台的创新性纵向比较

原有做法	新平台做法	专家评价分值
系统分割，多次录入	一次录入，多次使用	5.00
历时5~8天	10分钟立等可取	4.80
审批有盲区暗箱操作	审批流程全程公开	4.60
分头审批各自为战	内端联网，信息共享	4.40
流程繁琐，效率低下	业务更新，制度改进	4.00
没有统一平台	嵌入金融服务信息	4.40
平均分值		4.53

26.4 创新成效评估

（1）便利化程度提升显著

“自贸金融在线服务平台”上线运营后，自贸试验区大连片区内新注册登记企业办理“经济身份证”的时间从平均5天降低到平均10分钟，办理人民币结算账户开立业务和机构信用代码证办理业务的提交材料次数从4次降低至1次，在审批要件齐全、合法的前提下立等可取，同时，相关企业在办理以上业务时600多项银行金融产品立查可用。问卷调查结果显示，通过“自贸金融在线服务平台”办理新企业开户及征信申请时间，90.36%的企业或机构在15分钟以内，96.39%的企业或机构对该平台应用感到满意（如图26-6所示）。

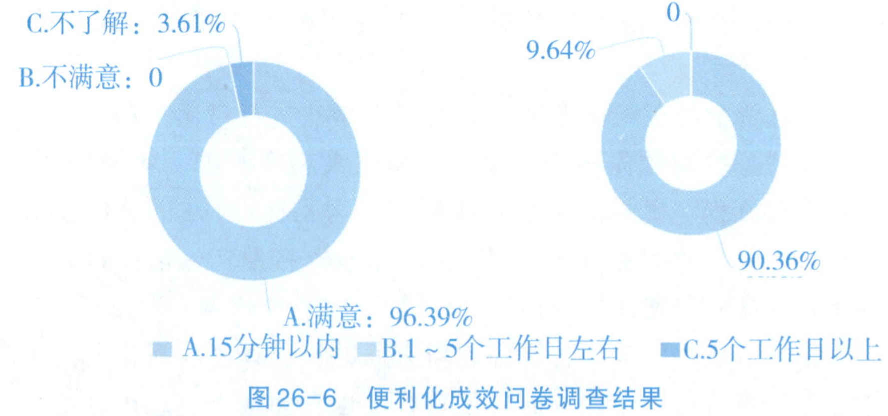

图26-6 便利化成效问卷调查结果

（2）应用覆盖范围较广

“自贸金融在线服务平台”的相关功能应用设计具有较好的开放性和兼容性，不仅适用于自贸试验区内新注册企业，同时惠及系统内各商业银行的其他新老用户，利用系统内的商业银行网点和窗口资源，该平台业务适用范围也惠及自贸试验区以外。问卷调查结果显示，42.17%的企业认为“自贸金融在线服务平台”的服务范围已延伸到区外境内，接近样本企业总量半数比重（如图26-7所示）。

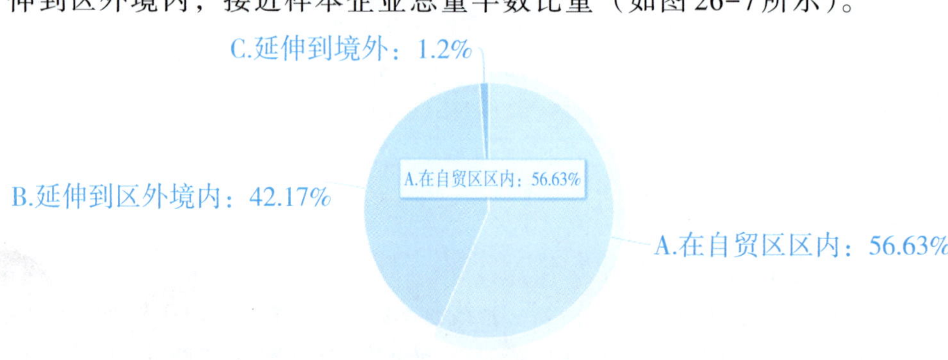

图26-7 应用覆盖范围问卷调查结果

（3）集成服务认可度较高

“自贸金融在线服务平台”的系统开发嵌入了小微企业金融服务平台，实现服务平台的功能拓展，并为其他业务的嵌入式集成留有足够空间和预期，该平台在集成服务方面的创新获得市场的普遍认可。问卷调查结果显示，83.34%的企业觉得“自贸金融在线服务平台”嵌入融资平台系统做法非常急需，96.39%的企业认为“自贸金融在线服务平台”可以复制推广（如图26-8所示）。

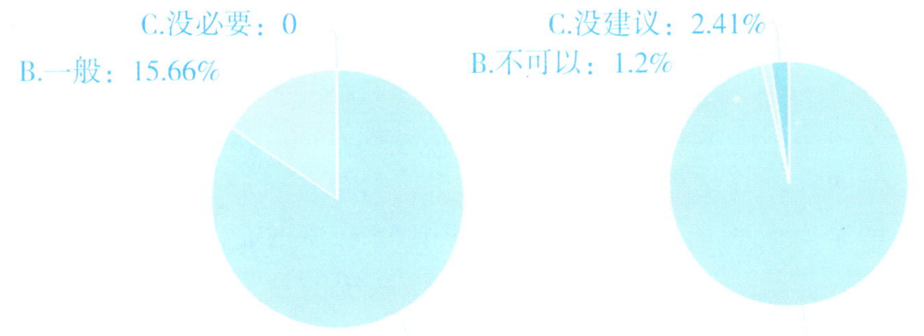

图26-8 集成服务认可度问卷调查结果

（4）平台应用拓展需求较大

“自贸金融在线服务平台”的投入运营，在获得相关企业和机构普遍认可的同时，也形成相关用户对该平台继续拓展功能、扩大业务和深度创新的需求。问卷调查结果显示，61.45%的企业或机构认为“自贸金融在线服务平台”下一步重点发展内容是扩大服务范围，而32.53%的企业或机构对该平台的服务质量提升有更高期待（如图26-9所示）。

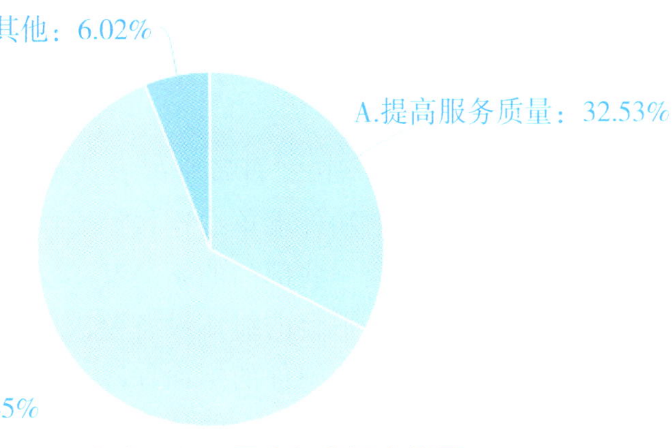

图26-9 平台应用拓展需求问卷调查结果

26.5 风险评估及防控措施

（1）主要风险点

“自贸金融在线服务平台”立足于金融服务创新，该平台系统与人民银行及商业银行的内部管理系统实施有效物理隔离而独立运行，目前各创新举措集中在窗口服务和后台审批等低风险环节，总体风险可控。但由于主要创新基于互联网系统，并且存在集成融资平台和信息管理等功能，因此在网络安全和信息管理方面存在一定不确定性风险。根据问卷调查结果，相关企业或机构对该系统应用的风险感知也集中在网络安全和信息管理方面，其中55.42%的企业对该系统的信息管理存在担忧，而31.33%的企业对该系统的技术操作风险存在担忧（如图26-10所示）。

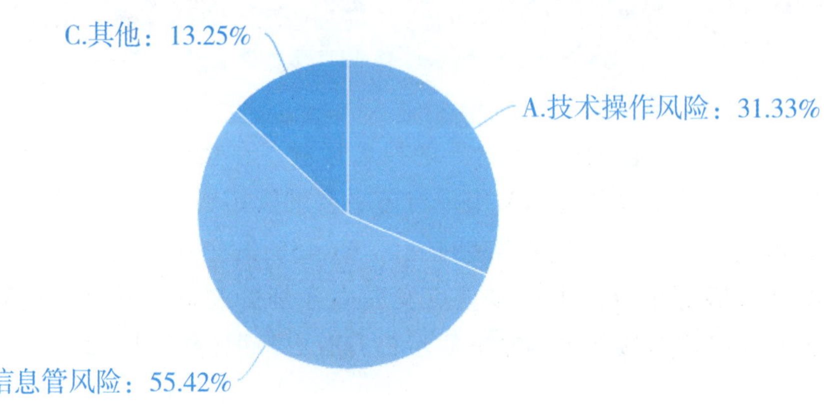

图26-10 主要风险点问卷调查结果

（2）风险防控措施

在网络安全风险方面，“自贸金融在线服务平台”要求独立运行系统，独立服务器，内端外端单线连接、专线传输、相互独立，与其他的互联网系统及其他一些部门的系统互不交叉，通过专用网络搭建平台运行系统，对接入平台的终端设备要求专机专用，杜绝数据拷贝等违规操作的可能性，从硬件的层面保障企业信息及相关资料的保密性，并充分保证隔离互联网平台的外部袭扰风险。

在信息管理风险方面，“自贸金融在线服务平台”建立了完善的平台业务接入流程和平台运行规定，从制度的层面对商业银行工作人员的工作加以规范，明确操作流程中的风险点和防范措施，保障平台运行操作的规范性。同时，要求审批环节公开公正，对相关环节全程监测备份达到“全程留痕”，从而使信息管理制度在技术操作层面安全可靠、风险可控。

考虑到“自贸金融在线服务平台”存在复制推广、功能拓展、集成创新的预期，下一阶段的应用和创新可能面临更加复杂和更大规模的信息管理，可能显露新的操作风险或放大现有风险点不确定性，应在进一步创新中围绕网络安全和信息管理环节进行针对性的研究和防控。

26.6 复制推广评估

（1）复制推广价值

“自贸金融在线服务平台”的功能设计目标是为自贸试验区内企业提供更加便利化的金融服务，具有简便高效、公开公正、服务优化、信息共享、风险可控等优势，同时可以满足更大范围内的区外企业，在金融服务创新领域具有较强的创新和示范意义，为业务拓展和复制推广等进一步服务创新奠定基础。目前中国人民银行沈阳分行及大连市中心支行积极支持“自贸金融在线服务平台”建设与推广，已召开多次现场说明会，并报送总行及外管局，若通过评估，可向全省乃至全国推广（见表26-2）。

表26-2 “自贸金融在线服务平台”复制推广价值

复制推广价值	简要说明
简便高效	一次录入，多次使用。原件扫描，高速导入，全程留痕，十分钟立等可取，节约大量人力、物力和时间
优化服务	在线服务系统要求整个业务处理制度发生变化，提出更高要求，倒逼改革
公正公开	企业增信、外汇审批，无暗箱，无盲区，审批权力、流程公开，促进清正廉洁
信息互享	系统连接账户开立系统、征信系统、外汇企业名录系统，金融服务系统，政策法规线上发布，植入影像系统，全程公开，提高服务效率
风险可控	“全程留痕”，附带纸质，内端外端单线连接、相对独立，促进稳定发展

（2）复制推广条件

目前，“自贸金融在线服务平台”的复制推广可能主要限于企业归类识别，在通过与工商部门协同联动，实现企业标识制度完善和嵌入后，“自贸金融在线服务平台”将可实现对自贸试验区内、外企业的归类管理，从而符合自贸试验区内、外的政策差异要求，并实现更大范围和更多业务领域的复制推广。因此，“自贸金融在线服务平台”的复制推广有赖于相关政府机构、银行和企业等机构在组织管理方面高效系统的协作，同时需要从技术和经费方面给予专项支持。